전영상의 희망정론(希望正論)

지은이 전영상

저자 전영상은 중심고을 충주에서 태어나고 자랐다. 대학에서는 정치외교학을 배웠다. 이때는 강의실보다 아스팔트 위에 있는 것이 사명감에 더 투철한 행동이라 생각했다. 공교롭게도 지방자치가 부활되면서 고향에서 살기 시작했다. 행상 트럭을 몰고, 지하 인쇄실에서 며칠 밤을 새우고, 출판사, 인터넷 벤처 회사 등 여러 가지 일을 하면서 살았다. 그러면서 늦깎이 공부를 다시 시작했다. 낮에 삼보일배를 하면서 밤에 민·관 협력 거버넌스(협치)를 주제로 논문을 쓰고 행정학 박사가 되었다. 그 후 건국대학교에서 교수생활을 하면서 살고 있는 나라와 지역의 변화와 발전을 위한 연구를 했다. 가르치는 것도 연구하는 것도 좋아하지만, 세상에 참여하는 것을 학문의 실천으로 생각하고, 배운 것을 행하려 새로운 길을 찾아가고 있다.

전영상의 희망정론(希望正論)

초판 인쇄 2018년 2월 22일
초판 발행 2018년 2월 28일

지은이 전영상 ❙ **펴낸이** 박찬익 ❙ **편집장** 황인옥 ❙ **책임편집** 정봉선
펴낸곳 ㈜ **박이정** ❙ **주소** 서울시 동대문구 천호대로 16가길 4
전화 02) 922-1192~3 ❙ **팩스** 02) 928-4683 ❙ **홈페이지** www.pjbook.com
이메일 pijbook@naver.com ❙ **등록** 2014년 8월 22일 제305-2014-000028호

ISBN 979-11-5848-378-4 (03070)

* 책값은 뒤표지에 있습니다.

전영상의 희망정론

希望正論

지방자치시대, 지역의 삶과 미래를 고뇌해온

어느 행정학자의 칼럼집

(주)박이정

정론직필(正論直筆), 정당하고 합리적인 의견과 주장이라는 뜻의 정론과 어떠한 영향도 거부하고 사실 그대로를 적는다는 직필, 공자가 춘추를 집필하면서 비판적 시각으로 객관적 사실만을 기록한다고 했던 춘추필법에서 비롯된 것이다. 필자의 칼럼은 역사적 사실의 기술보다는 지역에 사는 사람으로서 보다 나은 세상과 미래를 향한 견해와 정책을 제안한 측면이 강하다. 그래서 정론을 택하여, 이 책의 이름을 희망정론(希望正論)이라 정하였다. 이 이름에는 직필의 의미도 포함되어 있음은 물론이다.

바른 말을 하고, 바른 주장을 한다는 것은 쉽지 않다. 아무리 올바르고 합리적인 논리를 펼친다 하더라도 이해관계나 감정적 이유에서라도 반대하고 비난하는 이들은 항상 있기 마련이다. 그래서 우리는 "모난 돌이 정 맞는다"고 하고 "나서지 말라"는 말을 들으며 자라왔다. 그런데 모두가 바른 말을 하지 않고 이치에 합당한 주장을 하지 않는다면 세상은 어찌되겠는가? 누군가는 해야 할 일이고, 가능하면 많은 사람들이 함께 할 때 세상은 그 만큼 더 좋아질 것이다.

2005년 9월 어느 날 오후, 저만큼 앞에 서 있던 차가 움직이자 갑자기 한 아이가 차문을 열고 뛰어내리고, 차는 언덕 아래로 굴러 내려가기 시작했다. 무슨 일인가 하고 다가가서 살펴보니, 차 안에 운전자는 없고 어린 아이들이 비명을 지르며 아우성이었다. 차는 금방 가속도가 붙어 점점 더 빠르게 굴러 내려가고 있었다. 그대로 두면 그 차는 8차선 도로를 무단 횡단하듯 가로지르게 되고, 지나가는 행인이나 달려오는 차량과 부딪칠 것이 뻔히 예측되는 상황이었다. 우연히 뒤에서 차를 몰던 필자만이 이 사태를 발견하였고, 누구에게 도움을 청하기도 어려운 촉박한 상황이었다.

순간, "왜 내 앞에서 이런 일이 벌어지나?"하는 생각도 들었지만, "살려 달라"는 아이들의 외침에 더 이상 무엇을 생각할 틈도 없이 차를 몰아 쫓아갔다. 추월해서 어찌 세워보려 했으나 예상보다 빠른 속도에 어쩔 수 없이 필자의 차를 사고 차량에 들이 밀어서 겨우 차를 세웠다. 정말 아찔한 순간이었다. (부록: 2005년 9월 5일 충북일보 인터넷판 참조)

나도 위험할 수 있고, 잘 할 수 있다는 확신도 없는 상황이었으며, 잘못되었을 경우 어떠한 면책도 보장되지 않았는데 …. 그러나 내 눈 앞에 어린 생명들의 위험이 뻔히 보이는데 어떻게 외면할 수 있었겠는가? 나마저 외면했다면 그 아이들은 어떻게 되었을까?

세상살이도 마찬가지이다. 여러 가지 일과 상황들이 내 눈 앞에 선명히 보인다면 어떻게 외면하기 쉽겠는가?

2004년 8월 24일, 서울 광화문에서 시민들과 함께 지부상소(持斧上疏)를 하고 우리 부부가 함께 삭발을 했던 날, 부모님을 모시고 사는 터라 밤 늦게 조심스럽게 집에 들어갔다. 그런데 그때까지 자지 않고 기다리던 아이들이 울면서 원망하듯 말했다. “왜 우리엄마가 머리를 깎아야 돼?” 우리는 “너희가 이 고장에서 행복하게 살기를 바라는 마음뿐이었다”고 대답해 주었지만, 아이들은 머리카락이 없는 엄마의 모습이 마냥 서러운지, 한참동안 울다가 잠이 들었다.

그저 누군가 하지 않으면 안 될 일을 우리가 했을 뿐이다. 우리도 힘든 것, 부끄러운 것 알고, 손해 보는 것도 안다. 다른 사람들이 하려고 했으면, 우리는 선뜻 양보했을 일이다. 그런데 하겠다고 하는 사람이 없을 때, 그저 우리가 했을 뿐이다.

이 책에 쓴 글들은 작은 도시에 살면서, 지역의 상황과 미래를 공부하고 연구하면서 이웃과 함께 잘 살아보자고 했던 제안이다. 어쩌면 답답한 가슴 속에서 터져 나온 외침이자 절규였다. 내 눈에 명백히 보이는데 어떻게 그냥 둘 수 있는가?

그렇게 라디오에서 이야기하고 신문에 글을 썼다. 충주 MBC 라디오 칼럼(2010년 ~ 2012년)과 중원신문 칼럼(2015년 ~ 2016년)이다. 그

원고들을 모아 고르고 수정해서 이 책으로 엮었다. 그 글들을 발표했던 때와 지금의 상황이 많이 바뀌기도 했다. 그래서 읽는 분들에게 혼란을 드릴 것 같은 내용은 수정하거나 삭제하였다. 신문이나 라디오에서는 시사성이 중요하고, 직설적 표현으로 흥미도 끌어야 하지만, 오랫동안 반복해서 읽힐 수 있는 책은 매체 특성이 다르기 때문에 여러 가지를 고쳐야 했다. 그래서 표현을 수정한 부분도 있다. 또한 구체적인 상황이나 실명은 가급적 삭제했고, 누구인지 알 수 있는 표현은 바꾸기도 했다. 필자의 글로 인해 어느 누구에게도, 어떠한 영향도 미치기 않기를 바라기 때문이다.

글을 싣는 순서는 필자가 생각하기에 최근 상황에서 더 중요하다고 생각되는 글부터 실었다. 그래서 '시민주도형 충주발전론 서설'을 앞에 두고, 신문칼럼을 모아 놓은 부분을 제1부 '시민이 주도하는 지역발전'으로, 라디오 칼럼을 모아 놓은 부분을 제2부 '삶과 자치'로 나누어 실었다. 책으로 묶어 놓고 보니, 몇몇 칼럼들 사이에서 유사한 주제와 소재가 발견된다. 두 부분의 칼럼을 발표했던 시기 사이에 수년의 차이가 있음에도 불구하고 필자의 철학과 생각은 바뀌지 않은 것 같다. 또한 어떤 정책에 깊은 관심을 가지고 집중했던 시기에 쓴 글에는 여러 곳에서 같은 제안을 펼쳐지기도 했다. 중부내륙선 철도 제6공구 지하화와 달천과선교 철거, 복합환승센터 건립이 대표적이다. 그만큼 충주 발전에 필요한 인프라라고 생각했었다. 다행히 중부내륙선철도 제6공구 건설에 지하화 요구가 반영되었다. 미래 발전을 위한 디딤돌을 하나

놓은 셈이다. 그리고 당시의 글을 완전히 바꾸기보다는 가능한 한 그대로 싣는 것이 더 좋다고 생각했다. 각 정책제안이 나름대로 의미가 있다고 생각했기 때문이다.

모든 글을 쉽게 쓰려고 했으나 학문적인 배경을 적용하다보니, 정책을 제안한 어떤 글들은 조금 어렵게 느껴질 수도 있으리라 생각된다. 혹시 첫 부분의 시민주도형 충주발전론 서설이 어렵게 느껴지시면 그냥 건너뛰었다가 마지막에 읽어 보셔도 괜찮을 것 같다. 편하게 읽히는 글을 좋아하시는 분은 제2부 삶과 자치를 먼저 읽어보시고, 다음에 제1부 시민이 주도하는 지역발전, 시민주도형 충주발전론 서설의 순으로 읽어보실 것을 권한다.

추천사를 써 주신 분들께 감사드린다. 맹원재 회장님은 건국대학교 총장을 역임하셨고 현재 건국대학교 총동문회장을 맡고 계신다. 언제나 필자를 격려해 주시고 많은 배려를 해주고 계신다.

필자는 마흔살이 넘어 다시 공부를 시작하였다. 이런 늦깎이 제자를 항상 바른 학문과 연구의 길로 이끌어 주시고, 교수로서의 올바른 자세를 가르쳐 주신 분이 하미승 교수님이시다. 지금도 언제나 이 못난 제자의 부족함을 채워 주신다.

「사단법인 중원연구원」과 건국대학교의 「세계와지역연구원」을 필자와 함께 설계하고 설립을 추진했던 분이 조명래 이사장님이시다. 언제나 "공적인 일에 사심이 있으면 안 된다"는 교훈으로 엄숙하면서도 따뜻하게 이 부족한 후배를 이끌어 주셨다.

이 책이 세상에 나오도록 흔쾌히 출판해 주신 박찬익 사장님과 좋은 모습으로 책이 나오도록 애써주신 권이준 상무님을 비롯한 박이정출판사 임직원 여러분께 감사드린다.

무술년 정월
중심고을 호랑이바위 아랫마을에서
전 영 상 쓰다.

오늘날 우리는 정보의 홍수 속에 살고 있습니다. 또한 다양한 매체를 통한 수많은 글들이 난무하여 무엇이 올바른 생각인지 구분하는 것도 쉽지 않습니다.

그럼에도 우리는 좋은 글들을 찾아서 올바른 방향으로 나아가기 위한 노력을 지속해야 합니다. 바로 그러한 노력들이 세상을 변화시키는 원동력이 되기 때문입니다. 그렇기에 지역사회와 국가 발전을 위한 다양하고 획기적인 고견들을 모아낸 칼럼집을 출간한 것은 큰 기쁨이 아닐 수 없습니다.

다산 정약용 선생은 "사람이 글을 쓰는 것은 나무에 꽃이 피는 것과 같다"고 하였습니다. 나무의 뿌리를 북돋아 주듯 진실한 마음으로 온갖 정성을 쏟고, 줄기를 바로잡듯 부지런히 실천하며 수양하고, 진액이 오르듯 독서에 힘쓰고, 가지와 잎이 돋아나듯 널리 보고 들으며 두루 돌아다녀야 한다는 것입니다.

전영상 동문의 글을 보면 바로 그러한 진실한 마음과 부지런한 실천, 다양한 독서와 경험에서 우러나는 세상을 보는 폭넓은 시각과 사고가 고스란히 담겨 있습니다.

건국대학교 행정학과 교수로서 그동안 수많은 연구를 진행해 온 전영상 동문은 열정적인 강단생활을 통해 제자들의 사랑을 한 몸에 받고 있는 훌륭하신 분입니다. 따라서 이번 칼럼집 발간은 우리 건국대학교 동문들의 커다란 자랑일 뿐만아니라, 후학들에게도 매우 훌륭한 본보기가 될 것이라 확신합니다.

앞으로도 한결같이 좋은 글과 학문 발전을 위해 더욱 힘쓰시길 당부드리며, 미래를 위한 더욱 새로운 모습을 기대해 봅니다. 다시 한번 소중한 칼럼집 출간을 진심으로 축하드립니다.

2018년 2월

건국대학교 총동문회 회장 맹 원 재

대한민국학술원 회원

전) 건국대학교 총장

전) 동덕여자대학교 이사장

이 책은 지역의 발전과 국가의 나아갈 길에 대한 전문가의 시각을 잘 담아낸 칼럼집입니다. 이 칼럼집은 지역신문과 라디오방송에 공식적으로 게재된 논설들을 하나의 책으로 엮어낸 것입니다.

이러한 칼럼들을 쓴 전영상 교수님은 학계와 공공부문에서 잘 알려진 행정학자이며, 국정관리(거버넌스), 지역정책, 인적자원개발, 조직관리 분야의 전문가입니다. 건국대학교 글로컬캠퍼스에서 다년간 강의, 연구, 학생지도, 산학협력, 지역교류 활동 등의 직무를 수행한 분입니다.

전영상 교수님은 학생들의 강의평가에서 늘 우수한 등급을 받았고, 국제학술지를 비롯한 저명학술지에 수많은 논문을 발표하였습니다. 정부기관 및 지방자치단체와의 산학협력을 통해 행정발전에 기여하였고, 연구 프로젝트를 수행하면서 정부 및 자치단체에 유익한 정책적 건의를 많이 하였습니다.

여기 실린 여러 칼럼 내용으로부터 알 수 있듯이 전영상 교수님은 충주지역의 발전에 대단히 높은 관심과 열정을 가지고 계신 분입니다.

충주지역의 미래를 위한 수많은 고민과 구상이 여러 칼럼 속에 담겨 있습니다. 지역발전을 위한 높은 뜻과 많은 아이디어를 이 칼럼집에서 읽어낼 수 있습니다.

이 칼럼집에는 지역발전 뿐만 아니라 국정전반에 걸친 생각과 가치지향성이 함유되어 있습니다. 대한민국의 미래발전과 국민행복을 위한 민주적 거버넌스를 지향하고 있는 그 꿋꿋한 기조에 대해서 높이 평가합니다.

전영상 교수님은 시민의 관점에서 지역주민의 권익보호를 위하여 시민사회 운동을 열성적이면서도 건전하게 이끌었던 분으로 알고 있습니다. 그래서 시민의 지위향상과 지역주민의 혜택을 추구하는 생각이 칼럼 속에 녹아들어 있다고 봅니다.

아무쪼록 이 칼럼집을 읽으시는 분들께서는 칼럼저자의 여러 가지 생각, 관점, 미래구상 등에 관해 살펴보시고, 많은 부분에 대하여 공유하실 수 있기를 바랍니다. 그런 공유과정이 곧 국가미래와 지역사회 발전에 관한 상호 간의 소통과 협력을 증진시킬 수 있는 길이 될 것입니다.

독자 여러분의 건승을 기원합니다.

2018년 2월

건국대학교 교수 하 미 승

전) 건국대학교 부총장

21세기를 세계화시대라고 합니다.

이미 예견한대로 세계화는 인류를 무한경쟁과 약육강식, 적자생존의 정글 속으로 몰아넣고 있습니다.

오래전부터 국경은 점차 낮아지고 있으며 국가의 보호는 그만치 무뎌지고 있습니다. 특히 지방의 도시들은 이제 스스로 미래를 선택하고 자신의 힘으로 지켜 나가야 합니다. 그러나 한편 뒤집어 생각하면 절체절명의 상황이 오히려 지역발전의 모티브가 될 수도 있습니다. 세계화의 씨알이 지방화라면 가장 지역적인 것이 가장 세계적인 것이라고도 할 수 있기 때문입니다.

많은 이들이 위기는 동시에 기회라고 하며 위기 속에서도 기회는 있다고 말합니다. 그러나 기회 속에는 언제나 위기가 도사리고 있다는 사실 또한 잊지 말아야 합니다.

이 책에서 저자는 중심이란 위치는, 언제나 사방으로 뻗어 나갈 수 있지만 사방으로부터의 침입에도 노출되어 있어 기회와 위기가 공존하는 어려운 위치임을 강조하고 있습니다. 그렇습니다. 이처럼 기회는 동시에 위기가 될 수도 있는 것입니다.

그리스 신화에 등장하는 기회의 신 카이로스의 무성한 숱이 있는 앞머리와 대머리로 된 뒷머리가 이를 잘 말해주고 있습니다. 숱이 많아 앞에서는 잡기 쉬워도 지나간 후엔 붙잡기 어려운 대머리 때문에, 결국 위기에 봉착하게 되는 것이 기회라는 것입니다.

21세기에 들어와 동북아시아는 세계의 중심으로 도약하고 있습니다. 그리고 동북아의 국가들은 한반도를 에워싸고 있으며, 또 그 중심에 우리 충주가 있습니다. 지정학적으로 볼 때에도 충주야말로 기회의 땅이자 위기의 땅이며, 위기의 땅이자 기회의 땅입니다.

그러나 준비하지 않으면 찾아온 기회는 사라지고 위기는 어느새 고통스런 현실로 다가올 수도 있습니다. 머지않은 미래에 충주는 세계적인 대도시-메트로폴리스-로 우뚝 설 수도 있으며, 아니면 불행히도 지방소멸의 어두운 대열에 합류할 수도 있음을, 이 책의 저자는 경고하고 있습니다.

우리들 자손에게 물려줄 이 땅이, 풍요와 평화 그리고 행복으로 가득한 곳이 될지, 빈곤과 갈등으로 신음하는 불행한 곳이 될지는, 오로지 충주 스스로의 선택에 매여 있다는 지엄한 사실을 지적하고 있습니다.

세계 속의 충주를 디자인하기 위하여 '세계와지역연구원'과 '중원연구원'을 본인과 함께 구상하고 설계한 저자는, 기회와 위기가 공존하는 땅 충주에 대한 무궁한 사랑과 청정일념으로, 충주시 백년대계를 설계하며 올곧게 한 시대를 살아온 분입니다.

부디 이 책 전편에 녹아있는 저자의 고뇌와 사랑, 행간에 스며있는 강한 실천의지를 만나고 느끼면서, 즐겁고 유익한 일독이 되시기를 기원합니다.

2018년 2월
(사)지식재산법제포럼 이사장　조 명 래
전) 세계와지역연구원 원장

차례

〈4차원 시·공간론으로 분석·제시하는〉

시민주도형 충주발전론서설
(市民主導型 忠州發展論序說)

인간 행위와 사회 현상은 4차원의 시간과 공간 속에서 이루어진다. 국가나 지방자치단체도 시간과 공간 속에서 존재하고 활동한다. 공간 속에 있는 거의 모든 존재(단위체)의 상태 또는 모습은 시간의 흐름에 따라 변화한다. 그 변화가 긍정적일 때 '발전'이라 하고 부정적일 때에는 '역발전' 또는 '퇴보'라 한다. 변화되지 않거나 속도가 매우 느린 상태를 '정체'라 한다.

모든 단위체는 환경과 서로 영향을 주고받는 관계이다. 공간 속에서 이루어지는 단위체의 행위는 자신은 물론 환경의 변화에 영향을 미치고, 환경의 행위와 변화에 의해 영향을 받는다. 시간의 흐름에 따라 나타나는 단위체의 변화는 그에 미치는 영향에 따라 속도와 방향이 달라지고, 전혀 다른 결과를 초래할 수도 있다.

사람들은 누구나 단위체의 변화가 자연적인 속도보다 빠르고 긍정적으로 진행되기를 바란다. 빠르게 진행된 긍정적 변화를 우리는 '혁신' 또는 '개혁'이라 하고, 아주 빠르게 진행된 변화를 '혁명'이라 할 수 있다.

국가 또는 지역이 혁신적 발전 내지 혁명적 발전을 이룩하기 위해서는 그 단위체의 특성과 환경을 파악하고, 긍정적 발전을 더 빠르게 만들 수 있는 요인(가속화 요인)을 찾아 적극 활용해야 한다.

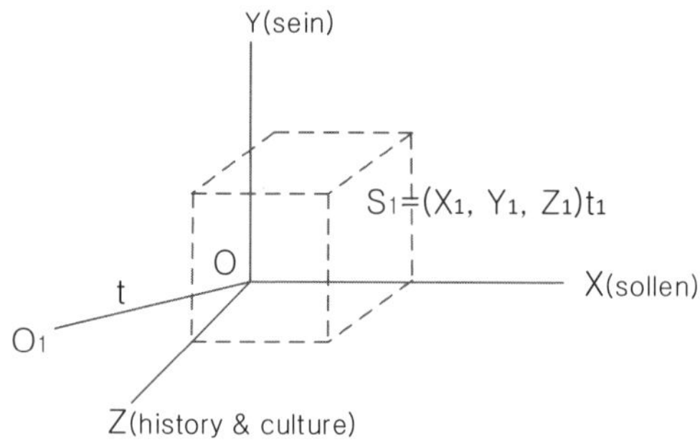

4차원 시·공간모형: 1차원(X축), 2차원(Y축), 3차원(Z축)이 형성하는 공간 어딘가에 단위체의 현재가 존재하고, 그 현재 상태는 시간의 흐름 t에 따라 변화한다. $S_1=(X_1, Y_1, Z_1)t_1$은 어느 시점의 상태를 의미하는 공간좌표이다. 시간의 경과 t_n에 따라 그 상태는 $S_n=(X_n, Y_n, Z_n)t_n$으로 변화된다. 변화의 방향과 속도는 가속화 요인의 역할에 따라 달라질 수 있다.

충주지역 발전방안을 도출하기 위한 발전모형에 4차원 시·공간론을[1] 적용하면, 공간을 구성하는 3개의 차원 가운데, 1차원(X)은 당위성

1) 한정일, "한국정치사회변동론: 4차원 시·공간론 입장," 2008, 도서출판 아침.

(sollen)으로 민족정기와 같이 충주에서 오랜 세월 동안 지켜 내려온 전통적 정서 내지 얼, 전통문화 속에 흐르는 정신적 맥락이다. 이를 '충주의 얼' 또는 '충주정신'이라 할 수 있다. 2차원(Y)은 존재(sein)로 충주의 지리적 위치에서 나타나는 지역적 특성이라 할 수 있다(지정학적 특성). 3차원(Z)은 단위체의 특수성(history & culture)으로 충주 지역의 현실적 한계와 역사와 문화에서 비롯된 특수성으로 설정하여 분석할 수 있다.

발전을 빠르게 유도하여 시간을 압축할 수 있는 가속화요인은 지방자치단체장의 리더십, 행정체제의 효율성, 정책과정의 활성화, 사회적 일체감(social consensus)으로 설정하여 발전방안을 모색할 수 있다. 가속화 요인의 역할 정도에 따라 발전의 속도와 방향이 결정될 수 있다.

충주발전을 위한 정책모형

차원(축)	상황요인		분석대상
1(X)	당위성(Sollen)		충주정신, 얼
2(Y)	현실(Sein)		지정학적 위치
3(Z)	단위체의 특성(history & culture)		현실 한계와 특성(전통, 관습)
4(t)	시간의 가속화 요인	자치단체장 리더십	변혁적 리더십(혁신성, 창의성)
		행정체제 효율성	정책집행 및 행정관리체제의 효율성
		정책과정 활성화	참여와 협치를 통한 거버넌스의 활성화
		사회적 일체감	사회적 자본(신뢰)와 사회적 합의 형성

1차원 당위성(sollen)을 형성하는 '충주의 얼' 또는 '충주정신'은 우리 지역의 오랜 삶과 역사 속에서 이루어지고 쌓여 온 것이다. 충주는 삼국시대 고구려의 국원성, 신라의 중원경이었다. 통일신라시대를 거쳐 고려와 조선, 대한제국에 이르기까지 충주목과 충청감영, 충청북도 관찰부 등으로 한반도 주요 도시로서의 위상을 이어왔다. 또한 충주는 중원문화권의 중심이다. 중원문화는 경주나 부여처럼 왕조문화의 독특한 특성은 없으나 중심성이 높은 문화이다. 한반도의 중심에 있는 전략적 요충지로서, 고구려, 백제, 신라의 각축장으로서 충주지역에는 삼국의 문화가 함께 혼재하며 발달해 왔다. 한강을 따라 서해 바다의 문화와 강원 산지의 문물이 함께 어우러지고, 과거길을 따라 남과 북의 지식과 문화가 교차하는 과정에서 한반도의 거의 모든 특성이 내재되었다. 어떤 독특한 문화도 쉽게 융화될 수 있는 포용의 문화이자 중심의 문화가 형성된 것이다. 또한 김윤후 장군이 세계 최강이라던 칭기즈칸의 군대와 싸워 승리를 거둔 지역이다. 충무공 이수일 장군과 충민공 임경업 장군의 고향이며, 신립 장군과 8천 군민이 전멸을 당하고, 수많은 백성이 수탈과 죽임을 당했으며, 강토가 온통 초토화되었던 아픔의 땅이다. 또한 구한말 의병이 충주성을 점령할 정도로 활발하게 활동했던 곳이다.

오랜 세월 융성했던 한반도 중심 도시에서 살아온 충주인은 누구보다 자긍심이 강하고, 국난 극복과 수탈의 역사로 인해 국가와 사회에 대한 애국심과 충성심이 높으며, 호국항일 정신이 드높다. 충주인은 수난과 수탈의 아픔을 겪은 탓에 개방적이지는 않지만, 자신을 크게 드러내거나 함부로 나서지 않으면서도 안으로 새겨진 자존심과 긍지를 바탕으로 은근하고 끈기있게 자신이 해야 할 바를 꿋꿋이 행한다. 또한 문화적 중심성이 높아 타민족·타문화와의 융합성과 시대 변화에 대한 적응력이 뛰어나다. 21세기 세계화 시대에 가장 요구되는 융·복합성이 지리적 위치와 역사적 과정을 통해 자연스레 형성되고 내재되어 왔기 때문이다. 특히 중부권 거점도시의 지위를 박탈당한 역사적 경험이 충주시민으로 하여금 지역발전을 이룩하고, 다시 그러한 지위를 되찾고자 하는 뿌리 깊은 염원을 갖게 했다.

2차원 존재(sein)를 나타내는 지정학적 위치는 한반도의 중심이며, 수도권의 인접도시이다. 충주는 한반도의 중심에 위치하고 있어 영남대로의 주요 도시이고, 남한강 수로의 요충지이면서, 남북과 동서 교통로의 결절지이다. 그런데 중심의 위치는 자신이 강할 때는 온 세상으로 펼쳐나갈 수 있지만, 약할 때는 어느 방향에서든 외부세력이 침입할 수 있는 특성을 지닌다. 즉, 중심은 강한 유리함과 불리함을 동시에 지닌다. 때문에 우리 지역은 19세기 말까지 융성했던 지역이지만, 1908년 일제에 의해 충청북도 관찰부가 옮겨진 이후 낙후와 정체의 길을 걸어왔다.

또한 충주는 국가개발정책이라는 등잔의 밑에 있는 것과 같다. 등잔불은 바로 옆이거나 먼 곳은 비추어도 아래쪽은 비추지 못한다. 수도권과 인접한 도시이면서도 수도권 개발정책에서 벗어나고, 지방에 있으면서도 지역 거점도시로 자리매김하지 못해 지방발전정책의 혜택도 제대로 받지 못하는 애매한 위치에 있다.

3차원 단위체의 특성은 충주의 현실적 한계와 특성이다. 충주는 일제의 침략과 수탈 과정에서 충청북도 관찰부가 이전하고 국토개발의 축이 경부선으로 옮겨가면서 국가발전의 중심에서 소외되어 낙후와 정체의 세월을 보내고 있다.

수도권 상수원의 상류에 있는 충주호와 충주댐으로 인해 일찍이 산업도시로 발전하기 어려웠고, 풍부한 수자원을 적극적으로 활용하지도 못하고 있다. 두 개의 고속도로와 사방으로 통하는 국도가 있고, 앞으로 동서와 남북 철도의 고속화가 이루어질 것이나 아직은 그저 지나가는 도시일 뿐, 이를 적극 활용하지 못하고 있는 실정이다.

또한 오랜 역사가 깃들어 있는 지역으로써 많은 문화적 전통이 있으나 권위주의적 관료사회의 문화적 특성과 관행도 함께 남아 있는 지역이기도 하다.

결국, 충주는 오랜 역사와 문화 전통, 뛰어난 자연 환경, 사통팔달의 교통인프라 등 다양한 자원은 있으나 곧바로 활용할 수 있는 자본은 부족한 지역이라 할 수 있다. 지하자원과 같은 자연 자원은 채굴하고 가공해야 화폐 등 재화처럼 즉시 투자할 수 있는 자본이 된다. 우리는 천혜의 자원과 풍부한 인프라를 그냥 보유하고 있었지 활용 가능하게 개발하는 데는 적극적이지 않았다. 지속가능한 개발과 문화의 창달이 지속적으로 이루어져야 한다. 아무리 아름다운 산천, 훌륭한 문화재가 있어도 그것이 어디 있는지 알아야 사람들이 찾아오고, 접근할 수 있는 길이 있어야 관광객이 몰려든다. 고속도로는 있는데 아름다운 산천과 훌륭한 문화재를 찾아가는 길을 모른다면 관광객은 그저 지나갈 뿐이다. 누구를 탓하겠는가?

그밖에 점차 위축되어 가는 여느 지방도시와 같이 충주도 여러 가지 한계와 가능성, 장점과 단점을 지니고 있으나 여기에 모든 것을 다 나열하기 어려워 대표적인 것들만 정리해 보았다.

지금은 21세기이다. 과학과 문명이 빛보다 빠르게 변화하는 시대라고 표현하기도 한다. 이제 남들이 하는 만큼 해서는 뒤쫓아가기도 힘들다. 변화를 선도적으로 주도할 때만이 경쟁에서 살아남고 지역을 발전시킬 수 있다.

또한 지방의 현실은 지방소멸론이 제기될 정도로 열악한 상황에 놓여있다. 이러한 시대적 상황 속에서 지역의 한계와 장애를 극복하고 가능성과 장점을 극대화시켜 지역을 발전시키고 시민을 행복하게 만들기 위해서는 혁신적인 발전 내지 혁명적 발전이 이루어져야 한다. 이러한 빠른 발전을 위해서는 시간을 압축하여 변화를 촉진시킬 수 있는 가속화 요인들이 긍정적인 방향으로 활성화되어야 한다.

가속화 요인 가운데 자치단체장 리더십은 창의성을 바탕으로 하는 혁신적 리더십이어야 하고, 변혁적 리더십(transformational leadership)이어야 한다. 관료사회 관행과 타성이 남아 있는 공무원들을 깨우치고, 공직 사회에 혁신과 활력을 불어 넣어, 지역발전을 선도하도록 이끌기 위해서는 변혁적 리더십이 필요하다. 나서기를 싫어하는 사람들을 일으켜 충주발전에 앞장서도록 설득하고, 변화에 대한 적응을 넘어 변화를 주도하기 위해서는 창의적이고 혁신적인 리더십이 필요하다. 이러한 자치단체장의 리더십은 지방행정에 대한 전반적인 지식과 역량 그리고 지역의 특성에 대한 이해와 경험을 바탕으로 할 때 제대로 발휘될 수 있다.

행정체제의 효율성은 충주시를 비롯한 지역 내 정책의 형성과 집행 및 행정 관리와 서비스 체제의 효율성이다. 기존 관료문화에서 유래된 관행과 타성이 잔재되어 있는 행정체제로는 지역발전을 견인할 수 없으며, 시민과 소통하지 않고 시민참여를 거부하거나 시민을 소외시키는 행정으로는 시민의 행복을 보장할 수 없다. 투명성과 책임성이 보다 확보되어야 하고, 규제 중심이기 보다는 촉진적 행정이 이루어져야 한다. 예측가능한 행정이 이루어져야 하고 특히 예방행정을 강화해야 한다. 이러한 행정을 펼치기 위해서는 공무원의 역량을 강화하고, 조직혁신을 통해 자신있게 열심히 일할 수 있는 환경부터 조성해야 한다.

정책과정의 활성화는 자치단체의 정책 전문성과 관련 분야에 대한 지식과 정보도 중요하지만, 시민의 참여와 협력이 보장되어 있어야 한다. 정책의 형성, 집행, 평가 등 정책과정 전반에 이해관계자를 비롯한 행위주체들이 능동적으로 참여하는 거버넌스(governance, 협치)를 활성화시켜야 한다. 거버넌스는 참여하는 행위주체들이 책임감 있는 상호작용을 함으로써 정책에의 협력과 순응성을 사전에 확보할 수 있으며, 예상되는 저항을 내부화하고 갈등을 완화시킬 수 있다.

진정한 지방자치는 시민의 행복을 위해, 시민의 뜻을 중심으로, 시민이 스스로 참여하고 이끌어 나가는 가장 민주적인 정책과정을 통해 구현될 수 있다. 이것이 진정한 거버넌스의 실천과정이다. 이를 위해서는 민·관 소통은 물론 다양한 언로를 통해 지역사회 전반의 커뮤니케이션이 활발해지고, 공론의 장에서 이루어지는 솔직한 토론 속에서 숙의민주주의가 피어나야 한다.

사회적 일체감은 국가 차원의 국민형성과도 같은 지역사회의 일체감이다. 이는 '지역형성' 또는 '시민형성'이라고 할 수 있다. 다양한 이슈에 대해서도 사회적 합의(social consensus)를 형성하고, '충주'라는 하나의 상징 앞에 모두가 하나가 되어, 한마음 한뜻으로 지역의 미래를 위해 앞다투어 노력하는 것을 의미한다.

사회적 일체감은 사회적 자본(social capital)의 축적에서 비롯된다. 특히 지역사회의 상호 신뢰와 네트워크는 가장 중요한 사회적 자본으로써 지역사회의 공감대 형성과 일체감 조성에 필수 요인이다. 사회적 일체감은 강제적 동원이 아니라 네트워크에의 자발적 참여와 신뢰를 바탕으로 하는 참여자 간의 상호 작용 속에서 향상될 수 있기 때문이다.

높은 사회적 일체감은 지역사회의 갈등과 분열을 예방하고, 화합과 단결을 이룩한다. 또한 정책과정 활성화의 기반인 시민 참여와 민관 협력 그리고 시민이 지역발전에 앞장서는 시민주도형 지역발전의 원동력이 된다.

4차원의 시·공간론은 정치발전 또는 국가발전을 모색하기 위해 개발된 하나의 발전모형으로서 체제의 구조와 상황을 분석하고, 발전을 이끌어낼 수 있는 촉진적 요인(가속화요인)을 제시하는 이론이다. 공간을 구성하는 3개 차원인 1차원 당위성, 2차원 존재, 3차원 현실 한계와 특성의 조화 속에서 이루어진 현재의 존재 상태를 가속화 요인의 활성화를 통하여 압축 발전을 이룩하되, 오랜 세월동안 전해 내려오는 당위성을 이어가는 방향으로 진행될 때 긍정적인 방향이라 할 수 있을 것이다.

앞서 논한 바와 같이, 4차원 시·공간론을 충주지역발전모형의 도출에 적용하여 충주의 정신, 구조, 체제, 환경 및 상황을 분석하고, 충주의 현실적 한계와 단점을 극복하여 충주 발전을 이끌어낼 수 있는 가속화요인을 설정하였다.

이제 우리는 충주의 얼과 정신을 바로 새기고, 지정학적 위치의 장점을 활용하고 단점을 보완해야 하며, 한반도의 중심이면서도 국토개발의 중심에서 소외된 이후에 나타난 현실 상황과 한계를 극복하고, 시민중심의 지방자치와 시민주도형 지역발전을 이룩해야 한다. 이를 위해서는 무엇보다 지방자치단체장에게는 창의성에 바탕을 둔 혁신적인 리더십, 변혁적 리더십이 요구되며, 충주시를 비롯한 지역 내 행정체제의 효율성 향상이 필요하다. 신뢰와 참여에 바탕을 둔 협치(governance)를 구현함으로써 정책과정을 활성화해야 하고, 지역사회 일체감을 드높여 '시민형성'을 이끌어 내고, 지역 내 갈등과 분열을 완화하고, 화합과 단결을 이룩하여, 시민중심 사회, 시민이 행복한 충주, 시민이 주도하는 발전을 이룩하는 역동적인 원동력으로 삼아야 한다.

한정일 교수님께서 개발하신 4차원 시·공간론을 중심으로 충주발전론을 제시하였다. 필자는 대학생시절 통일을 주제로 논문을 쓰면서 4차원적 시·공간론을 적용하였고, 박사과정을 다니면서 한정일 교수님께 직접 가르침을 받았다. 그 후, 이 이론을 활용하여 공무원노동조합, 후쿠시마 원자력발전 폭발 당시 일본수상의 의사결정 상황 분석 등의 연구를 수행하였다.

어쩌면 이 이론은 필자의 젊은 시절부터 어떠한 체제나 상황을 분석하고 발전방안을 모색하는 사유 방식으로 깊이 내재되어 있었던 것 같다. 충주에 살면서, 내내 충주의 혁신과 발전을 염원하고 그 방안을 모색해 오면서, 그 생각의 바탕에 이 발전모형이 자리해 있었던 것 같다.

제1부

시민이 주도하는 지역발전

충주의 어제, 오늘 그리고 내일

연말, 여러 가지 일의 마무리와 여러 모임의 송년회 참석 등으로 정신없이 지내다보니, 어느새 새해가 왔다. 며칠 전 새해는 벌써 올해가 되었고 365번의 오늘이 지나면, 내년은 또 다른 올해로 다가 올 것이다. 우리는 시간의 흐름을 과거, 현재, 미래로 나누어 이야기하지만, 시간은 그저 하나의 연속된 흐름일 뿐 인간이 어찌할 수 있는 것이 아니다.

과거를 바꿀 수 있는 사람이 없고, 미래를 정확히 아는 사람도 없으며, 다만, 어제의 모습으로 오늘을 이해하고, 오늘의 결과로 내일을 예측할 뿐이다. 그리고 지난 일을 후회해야 소용이 없고, 내일을 걱정해도 도움이 안 된다. 그저 성실한 오늘을 쌓아서 보다 나은 내일을 기대할 뿐이다.

이러한 사람의 시간과 마찬가지로 도시와 국가도 세월을 겪는다. 지역의 오늘은 과거의 결과이며, 역사의 반추이다. 따라서 어제의 거울에 비추어 내일의 모습을 보아야 한다.

삼국시대 충주는 국원경, 중원경으로 불리며 2소경 가운데 하나였고, 통일신라시대에는 5소경에 속하였다. 조선시대에도 전국 8도 중 하나인 충청도의 감영이 있던 도시였다. 인구 규모면에서도 조선 영조 35년에는 107,693명으로 172,166명인 서울 다음으로 큰 지역이었으며, 정조 13년에도 평양, 의주에 이어 4대 도시에 포함되었다. 이와 같이 충주의 위상은 조선시대까지도 국가 주요 도시의 지위를 유지하고 있었다. 비록 반란과 부도덕한 사건에 연루되어 몇 차례 충청도가 공청도로, 충주목이 유신현 또는 충원현으로 강등되기도 하지만 세월이 지나면서 충청도와 충주목으로 복원되곤 하였다.

충주지역이 역사상 국가 주요도시의 위상을 유지해 왔던 것은 한반도의 중심에 있고, 국토를 종단하는 주요 교통로에 위치했기 때문이다. 이러한 지정학적 위치로 인해 삼국시대에는 전란의 격전장이기도 했고, 고려시대 대몽항쟁의 승전지이기도 하지만, 임진왜란 때는 8천여 군민이 함께 전사했던 가슴 아픈 수난을 겪기도 했다.

이렇듯 우여곡절 속에서도 국가의 주요 도시로서 자부해 왔던 충주가 오랜 세월 정체되어 온 이유는 일제의 경부선 철도 건설과 함께 국가의 중심축에서 멀어졌고, 도청마저 청주로 이전되었기 때문이다. 그리고 무엇보다도 충주 지역 스스로 이러한 외부환경의 변화에 적응하지 못했고, 악화되는 외부 환경을 극복할 수 있는 지역 시스템 내부의 역동성과 활력이 부족했기 때문이다.

2016년 새해 아침, 충주지역의 해맞이는 짙은 안개 속에서 이루어졌다. 충주호의 안개 속에서 떠오르는 '붉은 해'를 직접 보지는 못했지만 태양은 분명히 떠올랐다. 내 눈에 보이지 않는다고 해가 뜨지 않고 세월이 흐르지 않는 것은 아니다.

누구의 눈에 보이는 미래가 누구의 눈에는 보이지 않는다고 한다. 그것은 희망을 가진 자와 아닌 자의 차이 때문이다. 희망으로 지역의 미래를 보는 자나 지역의 내일을 창조하려는 자는 그 미래를 향한 준비를 해야 한다.

역사는 오늘을 비추는 거울이다. 오늘 우리의 모습과 노력이 지역의 내일을 예시한다. 우리는 역사의 흐름 그리고 세계와 한반도라는 공간 속에서 충주의 위치와 역할을 찾아내야 하고, 충주라는 시스템 속에서 우리 각자의 위치와 역할을 찾아야 한다. 그리고 스스로 나서서 바른 방향으로 최선의 노력을 다해야 한다.

어떻게 할 수 없는 시간의 흐름 속에서, 올바른 방향을 찾고 성실하게 오늘을 사는 것만이 그나마 우리가 할 수 있는 최선이기 때문이다.

2016년 1월 11일

충주라는 시스템(system)

언젠가 어느 모임에서 시장의 공적으로 치켜세워졌던 일들이 다른 모임에서는 국회의원의 치적으로 회자되기도 하고, 시의원, 도의원이 한 일이라는 주장을 듣기도 한다. 심지어 시정사업 중 잘한 일이 있으면, 시장, 국장은 물론 과장, 계장까지도 서로 '내가 한 일'이라고 자랑하기도 한다.

그렇다면 진정 누가 한 일이고, 누구의 말이 맞는가? 필자의 생각으로는 모두의 말이 맞고, 모두가 함께 한 일이다. 세상에 혼자서 다 할 수 있는 일은 없다. 이들은 다만 일의 진행과정에서 있었던 자신의 역할을 강조했을 뿐이고, 그 권한과 재원이 시민들로부터 나온다는 말을 생략했을 뿐이다.

어떠한 도시 또는 국가라도 하나의 체제(system)로서 자신이 속하는 상위체제와 여러 구성요소들로 이루어지는 하위체제를 갖는다. 모든 체제는 내부 구성요소들의 역할과 상호작용 그리고 외부 환경과의 상호작용을 통해 생존 또는 성장하거나 침체 또는 사멸하게 된다. 또한 하나의 시스템은 또 다른 시스템의 환경이 되고 이들 간의 상호작용을 통해 자신은 물론 상위 체제의 생존, 성장, 침체, 사멸에 기여한다.

따라서 체제 내 구성요소들이 순방향으로 제 역할을 다 하고, 외부 환경과의 조화로운 상호작용이 활발할 때, 체제의 생존과 발전이 가능하다. 더욱이 급속히 변화되는 21세기에는 변화에 대한 적응을 넘어 변화를 끊임없이 선도하는 시스템만이 발전과 성장을 이룩할 수 있다. 도시의 경우에도 무한경쟁에서 살아남고 발전하기 위해서는 여러 구성요소의 역할을 순방향으로 모으고 환경과 상호작용을 활발히 해야 한다.

그런데 우리는 종종 "지역에 인재가 없다," "어른이 없다," "지역이 낙후되고 비전이 없다"는 말을 듣곤 한다. 심지어 "충주는 안 돼"라는 자괴감이 섞인 푸념을 듣기도 한다. 이는 모두가 지역사회 내 · 외 구성요소들의 활력과 상호작용이 부족하다는 증거이며, 전통적인 농경사회의 폐쇄적 구조와 오랜 환란과 압제의 역사에서 비롯된 행태이다. 개인중심적이면서도 공동체 의식이 강한 서구사회와는 달리 우리의 자급자족형 농경사회는 개인보다는 가족을 중시하면서도 폐쇄적 · 소극적 의식구조를 형성토록 해 왔다. 그리고 일제강점기와 한국전쟁 그리고 혼란과 독재의 정치사는 우리의 자주적 · 자발적 의식의 형성에 장애물로 작용해 왔다. 심지어 우리는 "모난 돌이 정 맞는다," "나대다가 큰 일 난다"는 말을 들으며 우리의 의지와 역할을 만류당해 왔다.

이렇듯 폐쇄적 의식구조와 소극적 사고방식으로는 21세기의 무한경쟁에 필요한 구성요소로서의 역할을 제대로 해 낼 수 없다. 개방적 의식구조를 통해 내 · 외부 환경과의 상호작용을 촉진해야하고, 상위 체제와 환경의 변화를 선도하는 발전목표의 제시를 통해 구성요소들의 의지와 역할에 활력을 불어넣어야 한다.

지역의 변화와 발전을 위한 동력의 발원은 일반적으로 정치인이나 지도층 또는 지식인들에게 기대되고 있으나, 그 동력의 발휘는 이들을 포함한 모든 시민들의 결집에서부터 비롯된다.

이제 우리가 사는 고장을 진정으로 사랑하고, 이 고장에서 살아갈 아이들의 미래를 위해 무엇인가 해야 한다면, 우리 모두는 정치인이나 지도층으로서, 지식인이나 오피니언 리더로서, 미래의 주인공을 키우는 부모세대이거나 다음세대를 이끌어야하는 어른으로서…, 그리고 무엇보다 민주주의 국가의 주인으로서 세계와 국가라는 상위 체제 내에서 충주라는 도시 시스템의 위치와 역할을 생각하고, 충주라는 시스템의 한 구성요소로서 자신이 해야 할 역할과 그 방향을 진지하게 고민하고 정직하게 실천해야 한다.

그리고 이제부터는 잘 한 일이 있으면, '우리 모두가 함께 한 일'이라고 자랑하자.

2015년 12월 21일

지방소멸의 시대, 충주의 살길

지난해 가을, 일본 마스다 히로야의 "지방소멸"이 번역 출간되면서 지방인구 감소에 대한 경각심이 다시 높아지고 있다. 수천 년의 역사가 얽힌 한국과 일본은 여러 가지로 갈등을 계속하고 있지만, 그만큼 유사성도 많고 근대화를 앞서 겪은 일본의 전철을 한국이 밟고 있는 측면도 있어서 타산지석이 되기도 하기 때문이다.

이 책에서는 여성의 사회참여도가 높아져 감에 따라 결혼연령이 늦어지거나 아예 결혼하지 않는 여성이 많아져 저출산이 지속되고 있는 반면에 수명연장으로 인해 노인인구비율이 늘어나 고령화가 심화된다는 것이다. 따라서 전국적으로 인구가 감소되고 있는데, 대도시는 지방의 인구가 집중되어 인구감소를 면하고 있지만, 이로 인해 지방인구는 더욱 급감하고 있으며, 앞으로 지방인구가 소멸되어 대도시로의 인구이동이 불가능할 때가 되면 결국 대도시도 인구감소에 직면하게 될 것이라고 한다.

이러한 지방소멸론에 대해 지난주 국민일보에서는 경북 의성군에서 4째 이상을 낳은 산모에게 1,850만원을 지원한다는 내용과 함께 전국의 지방자치단체 중 30.1%가 소멸가능성 지역이라고 보도하였다. 어느 한국고용정보원 부연구위원은 전국 265개 지방자치단체를 대상으로 일반적인 출산 연령층인 20~39세 여성인구와 65세 이상 인구를 비교 분석한 결과, 80개 지역이 소멸위험지역이라고 밝혔다. "젊은 여성인구가 노인인구의 절반 이하인 경우 출산율이 증가해도 인구감소가 지속될 것"이므로 소멸위험지역으로 볼 수 있다는 것이다.

충주시는 이러한 인구비율이 약 68%정도로 소멸위험군에서는 벗어났지만, 괴산군, 단양군, 문경군 등 이웃지역은 소멸위험군에 포함되어 있다. 그러나 사실상 인구가 늘지 않고 있는 충주도 방심할 수는 없는 처지이다. 충주시가 기업유치 등 여러 가지 인구증가책을 펼치고 있고, 지역 내 대학에서도 학생들의 주소를 기숙사나 자취방으로 옮기도록 독려하는 등 노력 중이지만 인구증가는 쉽지 않은 상황이다. 그런데 지방인구증가를 위한 방안으로 위의 부연구위원은 "젊은 여성에게 매력적인 일자리를 제공하는 것이 지역인구증가 정책의 핵심"이라고 제안하고 있다.

사실, 기업을 유치해도 고용창출이 많지 않고 인구유입도 많지 않다. 심지어 유입된 인구조차도 '주중에 나홀로 생활'을 하거나 주민등록조차 옮기지 않는 경우도 많다. 기업유치만이 인구증가의 해답은 아니라는 것이다. 때문에 창조적인 청년 일자리 창출이 새로운 대안으로 제시될 수 있다.

미래 산업인 제3차 ~ 제5차 산업중심의 청년 창업과 일자리 창출을 통해 지역 내 두 대학의 학생들부터 우리 지역에서 일할 수 있도록 하고 전국에서 젊은이들이 몰려오도록 해야 한다. 이것이 충주소멸을 막고 중흥하기 위한 최선의 길이 될 수 있다.

지금 중국의 성형관광객들이 몰려오고 있고, 백화점의 화장품을 싹쓸이 구매하고 있다. 그리고 이들의 주요 출입국 경로 중 하나가 청주국제공항이다. 충주에 인터넷 상거래를 비롯해 스포츠, 예술, 문화, 관광 등 다양한 청년 문화와 이벤트 중심의 글로벌 청년타운을 조성하고, 양질의 홍보와 이벤트를 지속한다면 수도권을 비롯한 전국의 젊은이들은 물론 중국인 관광객까지도 대거 유치할 수 있다.

지금은 전국이 소멸 위기에서 살아남기 위해 무한 경쟁을 하는 시대이다. 충주의 살길은 고속화된 사통팔달의 교통망을 활용하여 지역발전을 이끌어낼 견인장치를 설치하는 것이다. 사통팔달의 교통망을 한자리에서 이용할 수 있는 복합환승센터를 충주발전 견인의 최적지인 달천동 사거리에 설치하고, 역세권과 충주종합스포츠타운을 잇는 도로를 젊음의 거리이자 청년창업특구로 조성함으로써 청년들이 몰려와서 일할 수 있는 기반을 마련해야한다. 그리고 이곳에서 창업한 청년들의 성공을 육성해야 한다.

청년들이 몰려와 일하고 성공하는 것이 바로 충주의 중흥이고 대한민국의 발전이다.

2016년 3월 19일

간접인구론: 중원인 휴먼 네트워크를 생각하며…

명절 때면 충주지역도 사람과 차량이 늘어나 혼잡해지고 교통체증이 생긴다. 이러한 일시적 혼잡 상태를 보고 "평소에도 사람들이 이 정도만 있었으면 좋겠다"고 하는 이들도 있다. 사실 명절 때 돌아온 이들도 대부분 원래 충주 사람들이다.

최근 기사를 보면 충주시 인구가 또다시 감소되고 있다. 인구감소는 국내 거의 대부분의 지방중소도시들이 겪고 있는 현상이다. 저출산과 대도시로의 인구이동이 주요 원인이다. 이러한 현상이 지속된다면 '지방소멸론'을 그저 섣부른 기우라고 치부하지만은 못할 것 같다.

특별한 자원과 산업이 없는 중소도시에서 인적 자원이 갖는 의미는 크다. 그런데 과거에는 교육과 일자리를 위해 대도시로의 이동이 불가피했다. 이렇게 한번 떠난 인구는 되돌아오지 않았고, 출산율마저 떨어지면서 지방도시의 인구는 감소할 수밖에 없었다.

뒤늦게 산업화를 추진하기 위해 각종 기업과 생산시설을 유치하려하지만 양질의 노동력이 부족한 지방도시에서 우수한 기업이나 경쟁력있는 산업시설을 유치하기는 쉽지 않다. 어렵사리 기업을 유치한다고 해도 현지 고용보다 외지인 고용이 많고, 그 외지인은 이주하기 보다는 통근이나 '주중에만 나홀로 생활'을 더 선호한다.

이러한 시대적 상황으로 볼 때 정주인구를 늘리고, 이를 전제로 지역발전을 도모하는 것은 매우 어려운 일이다. 따라서 이제는 정주인구보다는 간접인구 즉 직접 지역에 살지 않더라도 지역에서 경제활동을 비롯해 다양한 활동에 참여할 수 있는 인구에 관심을 가져야 한다.

정주인구는 적더라도 지역에 관심을 가지고 지역에서 움직이는 인구가 많도록 할 수는 있다. 첨단도시일수록 정주인구의 수는 지역발전의 변수가 되지 못한다. 현실 공간뿐만 아니라 사이버 공간에서의 활동도 중요하기 때문이다.

온라인이건 오프라인이건 우리 지역에 가장 가까운 이들은 누구인가? 지금 살고 있는 사람들을 제외하면 이곳에서 태어났거나 자랐거나 살았던 사람들이다. 그리고 그들의 자녀와 후손들이다. 지역을 하나의 기업이라고 한다면, 이들은 가장 우선적이고도 충성도 높은 예상 고객층이다.

"고향마을이나 출신학교의 플래카드에 이름이 씌여졌던 사람일수록 고향으로 돌아오거나 기여하지 않는데도 불구하고 그 현수막을 붙인 사람들은 그들에 대한 기대를 계속 한다"는 말도 있다. 경쟁이 치열한 현대 산업사회에서 아마도 출세한 사람들일수록 더 바쁘고 치열하게 뛰어야만 살아남을 수 있었을지도 모른다. 어쩌면 좀 더 힘 있는 지역, 유력한 가문에서 태어나지 못한 것이 원망스러웠을 수도 있다.

사실, 정치적 출세의 기반을 다지러 오는 사람들을 제외하고 대도시에서 출세했다는 인물이 고향을 위해 헌신했다거나 자주 찾아온다는 말은 많이 듣지 못했다. 또한 이제는 과거 급제한 어느 한사람이 집안을 일으키거나 출세했다는 소수의 인물들이 지역을 발전시키기 어렵다. 21세기는 오히려 다수의 보통사람들의 관심과 노력이 집안을 윤택하게 하고 지역을 융성하게 할 수 있는 시대이다.

지역차원에서 우리들의 휴먼 네트워크를 구성하고 관리해야 한다. 다수의 보통 충주인, 중원인들의 고향에 대한 관심과 애정 그리고 고향사람들과의 관계를 돌이키고 북돋우어야 한다.

이들이 직접 와서 살지는 못하더라도 항상 지역에 관심과 애정을 갖고, 다른 지역보다는 고향에 와서 쉬고, 놀고, 기왕이면 고향 물건 사서 쓰도록 하기 위해서라도 수시로 고향소식을 전하고 이들이 함께 할 수 있는 다양한 공간을 구성해야 한다. 최소한 고향에 찾아올 동기를 부여하고, 방문의 편의라도 제공해야 한다.

그런데 명절에 어렵사리 고향을 찾아왔다가 갑자기 아프기라도 하면 병원이나 약국을 찾아 헤매기도 하고, 약속장소가 문이 닫혀 당황하기도 한다. 이제라도 '고향방문안내'에서부터 '퇴직 후 귀향 프로그램'까지 충주를 찾고, 기여할 충분한 이유와 동력을 제공해야 한다.

2016년 2월 1일

유동인구론: 지나가는 유동인구, 놀다가면 경제활동인구

충주시가 '인구 1만명 이상 확대를 위한 시민토론회'를 개최했다. 현재 충주시 인구가 21만 정도이고 충주시장의 공약이 인구 25만인 것을 고려하면 충주시는 일년에 1만명씩 늘려갈 심산인가 싶다. 사실 충주를 비롯한 거의 대부분의 지방중소도시가 인구증가에 몰두하고 있다. 지속되는 수도권 인구의 증가와 저출산 · 고령화로 인한 인구감소의 위기를 지방도시가 먼저 맞고 있는 것이다.

충주는 과거 중원경으로 신라의 2소경 중 하나였고 조선 영조 때에는 한양에 이어 두 번째로 인구가 많았다. 그리고 지금의 충남·북 전체를 관할하는 충청감영이 있던 한반도의 주요 도시였다. 물론 그 당시 중원경이나 충주목과 지금의 충주시는 그 관할영역에 있어 차이가 있지만 충주지역이 그 중심이었음은 마찬가지이다. 역사적으로 충주가 발전했던 이유는 당시 충주가 경상도와 한양을 잇는 주요 도로망의 중심이었고 남한강 수로가 있었기 때문이다. 그런데 경부선철도가 놓이면서 국가의 중심축이 대전을 경유하는 경부선으로 바뀌고, 도청이 청주로 이전되면서 충주의 발전은 정체되기 시작했다. 지역민들의 오랜 염원과 노력에도 불구하고 아직도 낙후성을 면치 못하고 있다.

충주시가 한 때 인구증가를 위한 고육지책으로 지역 대학의 학생들에게 하숙집이나 자취방 등으로 주민등록을 옮기도록 유도하고 그 대가로 소정의 금전을 지불한 적이 있다. 학생들은 보편적으로 한 두 학기 지나면 방을 옮기거나 졸업 또는 군에 입대하기 때문에 인구증가에 실질적 효과를 발휘하기도 어려웠을 뿐만 아니라 교육적 · 윤리적 비난의 소지도 있었다. 그리고 이는 충주시를 비롯한 많은 지방자치단체들이 주민등록상 인구에 지나치게 매달리고 있다는 증거이다.

주민등록인구는 실거주인구와는 다르다. 주민등록인구가 자치단체 조직규모 등 여러 가지 행정상의 기준이 되는 것은 사실이지만, 지역경제 활성화나 지역발전에 영향을 미치는 인구는 그냥 주민등록만 두고 있는 인구가 아니라 실제로 거주하는 인구이며, 더 중요한 것은 실제로 이 지역에서 경제활동을 하는 인구이다. 그래서 유동인구가 중요하다.

지금 서울을 활보하는 사람들의 상당수는 경기도민이다. 그리고 천안 삼거리에 인구가 많아서 천안이 지금처럼 발전된 것이 아니다. 먼저 천안에 삼거리가 있어 거기에 많은 사람들이 모여들자 이들의 경제 수요를 감당하기 위해 일자리가 생겨났고 결국은 많은 사람들이 살게 된 것이다. 유동인구가 일자리 창출과 정주인구의 증가를 유발했던 것이다.

이러한 유동인구는 교통의 편의성과 관광의 활성화를 통해 증가될 수 있다. 충주는 한반도의 중심에 있고 4통8달의 도로망을 자랑한다.

4통8달의 도로망에 활용의 편의성을 제고하고, 이를 거점으로 연계되는 노선관광을 마련하여, 유동인구를 증가시키고 일자리 창출과 정주인구의 확대로 이어지도록 해야 한다. 이를 위해서는 우선 4통8달의 도로망을 한 곳에서 활용할 수 있는 복합환승센터가 필요하다.

지금 충주의 도심에 화물터미널과 노선변경용 선로가 포함된 단순 철도환승역을 만들려하고 있다. 유동인구 증가를 통한 지역발전을 위해서는 강남고속버스터미널과 그 지하철역과 같이 한 곳에 다양한 교통수단과 노선을 연결하고 이들을 바꾸어 탈 수 있는 여객중심의 복합환승센터가 도심의 넓은 공간에 건설되어야 한다. 그리고 화물터미널과 노선변경용 철로는 외곽지역에 설치되어야 도심의 환경과 미래를 보장할 수 있다.

과거 충주가 발전했던 이유가 국가의 중심도로 때문이었고, 충주가 작아진 이유가 경부선 철도로 인해 국토개발의 중심에서 멀어진 때문이라면, 그리고 이제라도 과거의 영광을 되찾고 싶다면, 도로망을 최대한 활용토록하고 국가중심축을 옮기려는 노력이라도 해야 하지 않겠는가?

그리고 그 교통망을 활용하여 사람을 모이게 하고, 지역경제 활성화와 지역발전을 이룩해야 하지 않겠는가? 우선, 수도권과 영남에서 수천만 유동인구가 몰려오는 시대를 열어야 하고, 이들이 쉬고, 즐기고, 체험할 수 있는 공간과 인프라부터 만들고, 알려야 한다.

2015년 12월 28일

침체된 충주를 젊음과 활력이 넘치는 도시로 만들자

충주사회단체연합회에서 '중부내륙선시대를 향한 제안'이라는 주제로 '충주시민 대화마당'을 열었다. 시민사회단체가 공론의 장을 펼쳤다는 점도 고무적이지만 중부내륙선 시대를 향한 다양한 제안을 함께 논의하였다는 점이 더욱 의미가 큰 것으로 생각된다.

건국대 측에서는 지역과 대학의 상생발전을 위해 '크리에이트브 시티'의 조성과 'K-station 설치'를 제안하였고, 충주사회단체연합회 측에서는 건국대사거리(구 달천동사거리)에 '복합환승센터의 설치'와 '청년창업특구의 조성'을 제시하였다.

중부내륙선 철도가 충주로 온다고 해서 우리가 곧바로 무조건 잘 살게 되는 것은 아니다. 수도권 철도가 먼저 연결된 춘천과 온양의 사례를 보면, 기차를 무료로 이용할 수 있는 노인분들이 많이 오셔서 목욕하시고 칼국수 한 그릇 드시고 그냥 돌아가신다고 한다. 어르신들 잘 모시고 효도하는 도시가 된 것은 바람직하지만 지역경제 활성화에 크게 도움이 된 것 같지는 않다.

사실, 대중교통을 많이 이용하는 연령층은 노인들과 젊은이들이다. 노인들은 과거의 습관을 반복하기 쉽지만 젊은이들은 과거를 배우고 새로움을 창조한다. 그리고 노인들은 경제적으로 여유가 있어도 절약하려고 하지만, 젊은이들은 일단 마음에 들면 소비에 주저함이 적다. 그리고 인터넷과 SNS의 시대인 지금은 문자 하나로 전국의 젊은이들이 몰려오기도 한다.

그래서 우리지역은 노인들도 좋지만 가능한 한 젊은이들이 많이 오도록 해야 한다. 더욱이 청년들이 충주에서 창업을 해서 일자리를 갖게 되면 곧 결혼도 하고 아이도 낳게 될 것이다. 인구 유입의 효과가 청년 하나만이 아니라 2~3배로 확대된다는 얘기다. 3~4년이면 아이를 둘 정도 낳을 수 있을 것이고 쌍둥이라도 낳게 되면 증가율은 더욱 높아진다. 가장 확실한 정주인구의 유입방안이다.

사실 30대 이상의 인구 유입은 어렵다. 산업시설을 유치해서 일자리를 만들어도 기혼의 종사자들은 맞벌이와 자녀교육 등 장애요인들이 있어 일자리를 따라 이주하기가 쉽지 않다. 그래서 장거리 통근이나 '주중 나홀로 생활'이 늘어나는 상황이다. 그런데 미혼의 청년들에게는 이러한 이주 장애요인들이 적다는 것이다.

우리 지역에는 두 개의 대학이 있다. 우리는 청년들의 창업 클러스터(cluster)를 국가차원에서 특구로 지정토록 하여, 우리 지역 대학의 젊은이들이 창업을 중심으로 일자리를 창출하도록 해야 하고, 나아가 전국의 젊은이들이 몰려와 다양한 문화와 예술, 정보와 지식, 아이디어를 함께 나누고 발전시키는 장이 되도록 해야 한다. 이러한 창업과 경영의 과정에서 새로운 중원문화가 창조되고 한반도의 전역으로 확산되도록 해야 한다. 그리고 이것이 새로운 한류문화가 되어 세계로 전파되도록 해야 한다.

이러한 청년창업특구의 성공을 위해서는 우선 교통인프라와 정보인프라를 비롯하여 다양한 시설과 거리가 조성되어야 하고, 아낌없는 지원과 안내 그리고 총괄적인 인큐베이팅(total incubating)을 통해 청년들의 창업이 성공할 수 있도록 육성해야 한다.

충주는 두 개의 철도와 두 개의 고속도로가 지나는 한반도의 중심도시이다. 그래서 복합환승센터와 같은 편의성 높은 교통인프라를 구축할 수 있으며, 도심에 인접한 광활한 들판 단월벌에 훌륭한 기반시설을 구축할 수 있다. 그리고 청년창업특구의 성공과 발전을 한반도 전역에 전파할 수 있는 중심에 서 있다.

지금 정부는 창조경제와 청년창업을 통한 젊은이들의 일자리 창출에 심혈을 기울이고 있다. 그리고 제3차 국가철도망계획(2016~2025)에서 철도 중심의 대중교통시대를 열기 위해 복합환승센터의 건설을 권장하고 있다.

지금 우리에게는 침체된 충주를 깨워 젊음과 활력이 넘치는 도시로 만들 수 있는 제도적, 시대적 여건은 충분하다. 다만 우리의 의지와 노력이 요구될 뿐이다.

2016년 2월 29일

충주를 수도권과 영남에 포함시키자

만약, 우리 역사가 광개토대왕의 영토를 간직한 채 삼국통일이 되고 세종대왕시대의 문화와 과학의 발전이 지속되어 왔다면, 그리고 강한 독립의지와 민족정신이 이어져 왔다면, 지금 우리의 위상은 어떠할까? 아마도 세계 대국, 적어도 중국과 어깨를 견줄 수준은 되어 있을 것이다.

만약, 우리 충주가 중원경과 충주목의 번영 위에 김생과 우륵의 문화예술, 임경업과 이수일의 용맹, 영남대로의 주요 관문의 역할과 한반도 수운의 중심적 기능, 그리고 신립과 함께 전사한 8천 군민의 용기와 헌신을 함께 펼쳐왔다면, 지금 충주는 적어도 대전광역시 보다 발전한 도시가 되어 있을 것이다.

현재 우리 민족은 다시금 통일의 대업을 눈앞에 둔 채, 해외의존도 높은 경제문제, 한반도 주변의 국제 관계를 비롯한 외교와 안보문제,

그리고 외세에 의한 독립과 압축성장 과정에서 비롯된 사회구조적 문제들을 동시에 해결해 나가야 한다. 우리 충주 역시 지난 100년의 침체와 낙후를 딛고 중부내륙선시대의 중심도시로서 중원경과 충주목의 번영을 되찾아야 한다.

어려운 현실을 극복하고 시대의 과업을 달성하기 위해서 언제나 주어진 장점을 하나로 모으고 잠재된 능력을 최대한 분출해야 한다. 이렇듯 역사적 흐름 속에서 나타난 저력뿐만 아니라 현재의 시간 속에 흩어져있는 가능성과 기회도 함께 한 곳에 모아서 활용해야 한다.

그런데 충주는 지난 세기 동안에도 수도권과 영남을 잇는 주요 관문이었으며 강원과 충청내륙을 잇는 주요 교통로였지만 기능을 한 곳에 모으지 못해 주요 결절지가 되지 못하였고 교통의 편의성에서도 경부선과 중앙선에 밀려나 침체와 낙후의 세월을 견디어 내야 했다.

이제 우리는 현재의 시간에서 우리에게 존재하는 모든 가능성과 기회를 그리고 역사상 우리에게 내재된 저력을 일깨우고 집중시켜 발휘해야 한다. 그래서 지난 세월의 낙후와 침체를 딛고 새로운 한반도의 중심문화와 역사를 창조해야 한다.

천안에 삼거리가 있어서 사람들이 모여들었고 도시가 확장되었다. 때문에 교통이 더 발달하게 되었고 그래서 사람들이 더 많이 모여들고 도시는 더욱 발전되는 순서를 걸어왔다. 그런데 우리는 사람들이 모여들 때를 앉아서 기다릴 여유가 없다. 우선, 교통의 편의성을 극대화해서 유동인구라도 최대한 유입시켜야 한다. 유동인구를 통해 지역경제를 활성화시키고 정주인구를 증가시켜야 한다. 그리고 증가된 정주인구와 유동인구가 첨단 교통망과 지역산업을 더욱 발전시키는 순서로 진행해야 한다.

이미 우리와 경쟁 가능성 높은 중부권동서내륙철도(서산~천안~청주공항~점촌~영주~울진) 건설을 위한 해당 지방자치단체들의 활동이 시작되었다. 우리는 서둘러 복합환승센터와 같이 결절성과 편의성이 높은 교통 인프라를 구축하고, 동서남북을 향해 달려갈 수 있는 다양한 교통수단을 한 곳에서 자유로이 이용할 수 있도록 해야 한다.

그래서 우리 지역은 수도권과 영남을 잇는 주요 관문으로서, 서울사람들이 몰려오는 실질적인 수도권이 되어야 하고, 영남사람들이 오르내리는 영남대로의 첫번째 도시가 되어야 한다. 그리고 강원도에서 서해안과 충청내륙을 오가는 주요 길목으로서 역할을 해야 한다.

그런데 지금 건설 중인 중부내륙선 철도는 십년 전의 기본계획을 적용하고 있다. 기존의 계획으로는 교통의 결절지가 될 수도 없고 편의성도 확보할 수 없다. 더욱이 지역발전을 이끌기는커녕 그동안 겪어온 철도주변 마을 주민들의 고통과 위험마저도 해결할 수 없다.

이제 곧 2016년~2025년 철도건설계획인 제3차 국가철도망계획이 시행될 예정이다. 새로운 계획에 따라 첨단의 길을 만들어야 한다. 고치고 바꾸는 것을 두려워해서는 안 된다. 가능한 모든 것을 시대에 맞추어 변화시켜 가는 자만이 21세기에 살아남을 수 있고, 변화를 선도하는 도시만이 미래의 주인공이 될 수 있다.

과감한 혁신과 변화를 통해 현존하는 모든 가능성과 기회를 한 곳에 모으고, 역사와 함께 내재된 우리의 저력을 최대한 발휘함으로써 우리는 지난 백년을 딛고 새로운 천년을 바로 세워야 한다.

2016년 3월 28일

'중원학'을 세우자

최근 서울학, 경기학, 부산학, 인천학, 전주학 등 지역학에 대한 정립과 연구가 한창 진행 중이다. 이에 따라 충주지역도 충주학 또는 중원학의 정립에 대한 관심이 새로이 높아지고 있는 것 같다. 그런데 이러한 지역학의 학문적 정의와 범위가 추진하는 지역별로 다양하게 정의되어 있고 일부에서는 이견이 존재하기도 한다.

강원학과 경기학은 역사와 전통문화 등의 현대적 재해석 또는 본질과 가치의 조명이라는 의미로 정의되어 있고, 서울학, 부산학, 전주학 등은 역사와 문화 외에 정치, 경제, 사회, 건축, 도시, 조경 등 보다 폭넓은 학문분야의 종합적 또는 학제간 연구라는 의미로 정의되어 있다. 그러나 지역학의 연구가 포괄적으로 이루어져야 함과 지역의 현재와 미래의 발전을 위한 이론적 토대를 마련하기 위한 것이라는 의미는 공통적으로 담고 있는 것 같다.

따라서 지역학의 정의를 "학문적 대상지역의 역사, 문화, 지정학적 특성을 바탕으로 정치, 경제, 사회, 도시, 건축, 철학 등 다양한 학문의 총합적 학제간 연구를 통하여 주민의 삶의 질 향상, 고유한 미래상 정립, 지역발전 방향 설정 및 그 이론적 기반 구축을 위한 융합 또는 복합학문"이라고 할 수 있다. 때문에 지역사 내지 향토문화사만을 중심으로 시작해서는 제대로 된 중원학 내지 충주학의 정립이 어려울 것으로 보인다.

사실 중원학이나 충주학의 정립에 대한 노력이 전혀 없었던 것은 아니다. 그동안 지역 내 학자 몇 분의 제시가 있었고, 건국대학교와 한국교통대학교의 교수들을 중심으로 구성된 '중원연구원'과 건국대학교 '세계와 지역연구원'의 시도가 있었다. 비록 이러한 시도와 노력들이 지역적 한계와 내부사정으로 인해 활동이 다소 침체되었거나 중단되었지만 이들의 설립목적이 궁극적으로 중원학의 정립을 통한 지역의 미래 창조였음은 확실하다.

20세기 말부터 세계화 시대가 열렸고 지방화가 동시에 추진되었다. 특히 우리나라의 경우에는 민주화에 이은 지방자치의 구현 그리고 세계화를 함께 겪어야 했다. 이때부터 지역은 국가와 국경을 초월하여 세계무대 속에서 직접 자신의 기량을 펼치거나 최소한 세계의 무한경쟁 속에서 스스로 살아남아야 했고, 그래서 국가와 기업뿐만 아니라 지역의 경쟁력도 중요해지는 시대가 되었다.

때문에 세계화와 지역경쟁력을 두고 "가장 지역적인 것이 가장 세계적인 것"이라는 말도 나왔고, '세계화(Globalization)'와 '지방화(Localization)'라는 단어를 합성하여 '세방화(Glocalization)'라는 신조어도 만들어졌다.

결국 충주지역도 이러한 시대에서 살아남기 위해서는 스스로 발전하고, 발전된 역량을 세계로 펼쳐나가야 하고, 이를 위한 이론적 토대인 '충주학' 내지 '중원학'을 서둘러 정립해야 함은 확실하다. 그런데 다양성과 복잡성이 갈수록 심화되는 21세기 지역발전의 이론적 기반을 구축하기 위해서는 인문, 사회, 자연 과학과 예술은 물론 지속가능한 재생과 미래를 위한 다양한 학문간 총합적 · 학제적 연구가 동시에 이루어져야 한다.

그리고 앞선 시도와 노력들의 한계를 극복하기 위해서 대학과 지역을 초월하여 지속적인 연구가 진행되어야 한다. 자신의 성과를 중심으로 하거나 경제성과 능률성만을 기준으로 생각해서는 장기적인 연구가 필요한 중원학의 진정한 정립이 어렵다.

우선, 민·관·학이 함께하는 '중원학 연구 협의체'를 구성하고, 지역 내 두 대학과 출향 학자들 그리고 충주를 사랑하고 관심을 가진 모든 연구 인력과 자원들을 모으고 독려해야 한다. 그리고 이들을 중심으로 중원학의 정의와 범위부터 정립하고 연구를 위한 장기적 계획과 로드맵부터 구성해야 한다.

참고로 필자는 '충주학'보다는 '중원학'이 더 좋다고 생각한다. '충주'는 지역명으로 영구히 존재할 수 있으나 '중원'은 역사도 깊고 의미도 훌륭하지만 세월이 가면 점차 잊혀질 수도 있기 때문이며, 개인적으로 충주(忠州)의 '중심고을'이라는 해자(解字)적 의미보다는 본래 의미가 '천하의 중심'을 뜻하는 중원(中原)이라는 말이 더 좋기 때문이다.

2016년 4월 11일

중부내륙선 시대를 꿈꾸며…

1. 경부선에서 중부내륙선으로 국가발전축의 이동

요즈음 서울지역에서 늦은 시간에 충주로 돌아오다 보면, 중부내륙고속도로에 차량이 크게 증가하고 있음을 알 수 있다. 특히 대형 화물차나 트레일러들이 많은데 이러한 대형 차량들에게 둘러싸이게 되는 경우도 자주 발생한다. 그럴 때면 마치 사방 높다란 철벽에 갇힌 것 같은 답답함과 함께 대형 사고의 우려가 갑자기 몰려오곤 한다.

한창 국가균형발전을 이야기하던 시절부터 필자와 생각이 같은 일부 학자들은 경부선의 혼잡과 포화 상태를 지적하고 이제는 중부내륙선을 국가발전의 새로운 축으로 삼아야 한다고 주장해 왔다. 지금 국가균형발전에 대한 논의는 주춤하지만, 중부내륙고속도로의 교통량이 급증하는 현상을 보면서 그리고 중부내륙고속도로 4차선 확장을 서둘러야 한다는 주장을 들을 때마다 언젠가는 중부내륙선이 새로운 국가발전축이 될 것이라는 확신이 들기도 한다.

중부내륙고속도로 뿐만 아니라 2019년이면 중부내륙선 철도가 충주까지 이어지고, 지금 늦어지고는 있지만 충청내륙고속화도로도 계속 추진 중이라고 한다. 또한 언젠가 통일이 이루어지면, 그리고 혹시 통일이 늦어지더라도 남북관계가 좋아져서 남북간 철도협력이 잘 이루어지면, 중부내륙선은 부산에서 서울~평양~신의주를 거쳐서 만주와 중국대륙 그리고 시베리아를 지나 동남아시아와 유럽으로 들어가는 국내 최단거리 직통노선이 될 것이다. 이러한 시대를 내다보면, 중부내륙선 철도를 KTX로 업그레이드 하는 것도 시간문제라는 생각이 든다. 언젠가 중부내륙선은 새로운 국가발전축이자 세계 육상 교역의 중요 루트가 될 것이 확실하다.

2. 우리에게 중부내륙선 시대의 주인공이 될 자질은 있는가?

이러한 시대 중부내륙선의 한가운데에 있는 충주는 어떤 모습일까? 중부내륙선의 발전과 함께 번영하는 도시가 될 것인가? 아니면, 그냥 지나쳐가는 차량의 혼잡과 매연만 뒤집어 쓴 채 그저 그렇게 머물러 있는 도시, 발전하기는 했지만 다른 도시들보다 한참 뒤처져 있는 그런 낙후된 도시가 되는 것은 아닐까? 최근들어 원주를 비롯한 인접 도시들의 급속한 팽창에 대해 단순한 부러움을 넘어, 그 도시의 사회적 · 경제적 영향력이 우리를 위협할 수도 있다는 우려가 적지 않은 것도 사실이다. 이러한 고민의 연장선상에서 그동안 해왔던 우리의 지역발전에 대한 의지와 행태를 돌아볼 필요가 있다.

그동안 시민들은 물론 정치인이나 공무원들까지도 모두 충주발전에 대해 관심도 높고 목소리도 컸지만, 정작 이러한 목소리는 하나가 되지 못하였고, 새로움도 없었던 것 같다. 시민들의 발전에 대한 욕구는 관 의존성이 지나치게 심한 반면에 지역발전에 대한 자주적인 의지는 부족하였던 같다. 어느 유력 정치인이 중앙정부 예산이나 많이 따다 주거나 자치단체가 모두 다 알아서 만들어주길 바라고만 있는 것처럼 느껴질 때가 많다. 때로는 국회의원이나 자치단체가 잘못해서 지역발전이 늦어지고 있다고 비난하면서도 정작 국회의원이나 자치단체의 구성원들에게 정면으로 바른말이나 쓴소리를 하는 이는 드물다. 또한 자치단체와 공무원들은 창의적인 아이디어가 부족하고 선례답습식 계획을 반복할 뿐 선도적 · 진취적 발전행정을 펼치지 못하고 있으며, 행정수요에 대한 소극적 대응으로 인해 인근 자치단체 공무원들에 비해 부정적인 인상을 주고 있다고 한다. 그리고 정치인들의 당선용 공약과 성과중심적 행태는 이미 보편적인 문제라 하더라도 선임자의 정책을 쉽게 중단시키거나 변동시키는 것이 더 큰 문제로 보인다. 특히 충주지역은 여러 자치단체장들의 국회의원 출마와 선거법 위반으로 인해 짧은 임기와 잦은 교체가 이루어졌기 때문에 이러한 현상이 더욱 심각한 것으로 보인다.

이러한 상황에서 우리 지역의 특성과 문화에 적합한 미래지향적인 정책이 지속적으로 펼쳐지기란 어려우며, 발전 욕구에 대한 진정한 시민적 합의가 부족한 상황에서 시대적 요구와 기회에 적합한 민주적 발전행정을 기대하기는 더욱 어렵다.

낙후된 도시가 아닌 중부내륙선 시대의 중요 거점이자 최고의 도시, 가장 살기 좋은 도시가 되기 위해서는 지금부터라도 우리 모두의 솔직한 반성과 함께 시대적 요구와 기회에 필요한 준비의 노력이 전개되어야 한다.

3. 이제 우리의 고객은 수도권 시민과 전 세계인이다.

앞으로 건설될 중부내륙교통망 가운데 현재 가장 가시적인 것이 2019년 충주까지 이어질 중부내륙선 철도이다. 철도는 고속도로와 달리 그 효과가 보다 직접적이다. 특히 중부내륙선 철도와 같이 서울을 비롯한 수도권 지하철노선과 직접 연결되는 철도는 많은 수도권 시민들이 손쉽게 유입될 수 있는 루트이기 때문이다.

그런데 우리보다 먼저 이러한 철도가 개통된 온양이나 춘천의 경우를 보면, 무료 승차 등을 이유로 많은 관광객이 찾아오고 있으나 이들의 방문을 수익형 관광 수요로 까지 창출하지 못해 지역경제에는 큰 도움이 되지는 않는다고 한다. 철도가 개통된다고 해서 그냥 수익형 관광이 확대되고 지역경제 활성화가 이루어지는 것은 아니다. 수익성 높은 관광객의 방문과 소비를 유도해야 한다.

지금 충주시민들은 중부내륙선 철도의 효과에 대해 적지 않은 기대를 하고 있는 것 같다. 이러한 기대를 충족하기 위해서는 우리가 먼저 찾아오는 고객들을 충분히 만족시켜야 한다. 다가올 중부내륙선 시대, 우리의 고객은 수도권 시민이며 나아가 전 세계인들이고, 우리의 상대는 전국을 넘어 세계의 유력 도시들이다. 기존, 지역 내에 국한된 우물 안 개구리식 안목과 사고방식만으로는 이들을 만족시킬 수 없다. 수도권 보다 앞선 감각과 세계적 시각이 필요하다. 지금 수도권에서 유행하고 있는 것을 모방해서는 늦는다. 우리가 도입했을 때 이미 식상해 버릴 것이 자명하기 때문이다. 지금 수도권에서 유행하는 것보다 한걸음 더 앞서는 것이 중요하다. 그래서 국제적 감각이 더욱 요구된다.

4. 충주지역사회 내부로부터의 시민혁명이 필요하다.

중부내륙선 시대의 주인공이 되기 위해서는 단순히 근면성실하기만 해서는 부족하다. 우리 내부로부터의 혁명이 전제되어야 한다. 새로움을 추구하는 끊임없는 갈증과 과감한 도전의식이 필요하다. 소극적 · 폐쇄적 · 부정적 마인드를 개방적 · 적극적 · 긍정적 자세로 전환시켜야 한다. 찾아오는 모든 이를 진실로 맞이하는 열린 마음을 가지고 친절과 서비스 정신을 깊숙이 각인시켜야 한다. 그리고 이러한 혁명은 시민의 자발성을 중심으로 시작해야 하고, 현실적 · 구체적인 일에서부터 외연을 넓혀가야 한다. 자치단체와 공무원들도 시민중심 · 고객중심의 행정 마인드와 적극적인 수준을 넘어 공격적인 발전행정의 자세로 무장되어야 한다. 또한 철도역을 중심으로 지역의 문화와 자원과 함께 어우러진 맞춤형 역세권의 개발이 필요하다. 새로운 콘텐츠를 개발하고, 인접 문화와 자원을 잇는 연계 관광 패키지의 개발과 홍보도 미리 이루어져야 한다.

내일, 중부내륙선 시대의 진정한 주인공이 되고 싶다면…,

자! 이제 스스로 일어설 때이다.

2015년 10월 12일

등잔 밑 충주

중부내륙선철도에 대한 이야기를 들을 때면, "우리는 등잔 밑에서 살고 있습니다. 충주가 수도권 지하철 노선도에 표시될 때 우리는 비로소 불빛을 보게 될 것입니다." 오래 전에 당시 충주의 정치 지도자들에게 이렇게 얘기했던 기억이 떠오른다. 이러한 대화 때문인지 아닌지는 모르겠으나 얼마 후부터 중부내륙선 철도건설이 추진되었다. 이제 몇 년 지나지 않아서 지하철을 타고 찾아올 수도권 사람들을 맞이해야 할 것 같다.

등잔불은 불꽃 가까이 있거나 멀리 있는 곳은 비추지만 바로 밑은 그림자가 져서 제대로 비추지 못한다. 국가 발전의 관점에서 볼 때, 충북은 수도권도 아니고 강원도나 전라도처럼 원격지도 아니기 때문에 수도권 개발의 효과도 미치지 못하고 균형발전의 배려도 비교적 적었던 지역이다. 더욱이 충주가 도내에서는 제2도시이기 때문에 청주권과 같이 도청소재지로서 개발 중심에 서지도 못하고 단양이나 보은과 같은 오지로서의 혜택도 받지 못하는 이중 소외와 역차별을 받아 왔다는 의미였다.

그리고 서울 사람들의 행태를 살펴보니, 동인천까지 가는 것이 충주에 오는 것보다 시간이 더 많이 걸리는데도 동인천은 쉽게 갈 수 있다고 생각하고 충주는 강원도 오지처럼 먼 곳으로 생각하는 것 같았다. 사람들의 거리에 대한 감각이 실제 거리나 이동 시간보다는 자신이 이용할 수 있는 교통망의 편의성과 지명에 대한 노출빈도에 더 영향을 받는 것 같았다. 특히 지하철 노선도를 보면, 거리나 시간은 표시되지 않고 지나가는 순서만 표시되어 있으니 이를 매일 바라보면서 다니는 사람들에게는 실제로 먼 지역도 가끔 듣는 지역보다 훨씬 더 가기 쉽게 인식되는 것 같았다. 더군다나 집 앞에서 지하철만 타기 시작하면 그냥 쉽게 갈 수 있는 지역이면 더욱 그러한 것 같았다.

그래서 서울에서 오는 지하철이 충주까지 연결되고, 수도권 지하철 노선도에 충주가 표시되면, 충주가 가까운 곳, 손쉽게 갈 수 있는 곳으로 인식되고 실제로 많은 사람들이 찾아올 것 같으니, 이때가 충주를 본격적으로 발전시킬 절호의 기회라는 뜻으로 이야기했던 것 같다.

요즈음 가물어서 그런지 감이 풍년이라고 한다. 돌아다니다 보면 정말 감이 많이 달려있다. 그런데 나는 아직 '감나무 밑을 지나가는데 감이 그냥 입으로 떨어졌다'는 말을 들은 적이 없다. 지하철이 서울에서 충주로 연결된다고 그냥 충주가 발전하거나 충주사람들이 잘 살게 될 리는 만무하다. 교통망이 연결되고 도시의 접근성과 개방성이 높아졌다는 것은 우리뿐만 아니라 외지인들에게도 그만큼의 기회가 주어진다는 의미이다. 충주시와 시민들이 중부내륙선 철도라는 기회의 주인공이 되기 위해서는 타지역이나 외지인들보다 더 높은 경쟁력을 갖추어야 한다. 그렇지 않으면 아메리카 원주민처럼 중부내륙선을 타고 들어올 속칭 '굴러온 돌들(?)'에게 종속된 삶을 살아야 할 것이다.

지금 우리에게 주어진 준비의 시간이 그리 길지는 않은 것 같다.

2015년 10월 19일

충주발전혁명, 단월벌에서 시작하자

국회에서 중부내륙선철도 충주발전토론회가 있었다. 곧 기공식이 열린다고 하니 매우 늦은 감도 있고, 내용면에서도 '결정적인 한마디'가 아쉬웠지만 발제자나 토론자 모두 고민한 흔적이 엿보이는 토론회였다.

이번 토론회에서 나타난 주요 이슈는 지하화 문제, 충북선과 중부내륙선 철도의 교차문제 그리고 철도를 활용한 지역발전방안으로 압축될 수 있다.

우선, 지하화문제는 도시의 분절화와 함께 철도가 도심을 통과할 때 발생하는 소음과 진동으로 인한 주민피해를 최소화하기 위해 제기되었다. 그런데 정부측 토론자의 강경한 입장을 볼 때 쉽사리 해결되기는 어려울 것으로 보였다. 사실 중부내륙선철도 건설계획은 2006년 확정되었으나 그동안 노선변경문제로 몇 년, 복선화문제로 몇 년을 끌다가 지금까지 왔고 이제는 지하화 문제가 불거졌다. 앞으로 고속화 문제가 또다시 제기된다면 언제 완공될 지도 미지수다. 그런데 방청석 질문의 대부분이 기존 충북선철도로 인해 오랫동안 피해를 입고 살아온 철도 인근 마을주민들의 고통 호소였다. 이러한 고통의 해결이 우선 해결해야 할 절대 과제로 보인다.

두 번째, 충북선과 중부내륙선 철도의 교차문제는 두 철도의 교차지점이 달천강을 건너자마자이며 중원대로와 충원대로가 교차하는 지점이기 때문에 좁은 공간 안에 4개의 도로망이 매우 복잡하게 얽히게 된다는 점이다. 거기에다가 달신과 원달천 등 마을이 있기 때문에 주민들의 피해를 최소화하면서도 원활한 교통흐름과 주거환경에 적합하게 건설되어야 하는 이중의 고민이 얽혀있는 문제이다. 발제자가 기존 노선 외에 7개나 되는 대안을 제시하였으나 똑 떨어지는 해결책은 없었다. 기존의 도시형태를 그냥 두고 우회하거나 최소한의 변형을 꾀하면서 고민했기 때문으로 생각된다. 벌판 위에 새로운 도시를 구상하듯 근본적인 발상의 전환이 필요하다.

세 번째, 중부내륙선철도를 활용한 지역발전방안에 대해서는 '광역복합환승센터'의 제안이 눈에 띈다. 중부내륙선철도가 충주발전에 제대로 기여하기 위해서는 충북선철도와의 환승뿐만 아니라 다양한 경로에서 들어오는 버스나 자동차 등 다양한 교통수단과의 손쉬운 환승이 가능해야 한다. 그런데 기존의 충주역은 지금도 주차공간이 부족하고 교통체증이 빈번하여 환승역으로 기능하기에는 부적합하다. 더욱이 확장할 수 있는 주변의 공간도 별로 없다. 충주종합버스터미널과도 중간에 하천을 두고 꽤나 떨어져 있다. 지금 충주역의 위치로는 복합적 환승이 불가능한 여건이다.

이러한 문제들을 한꺼번에 다 해결하기는 어렵겠지만, 우선 주민 고통 해결을 전제로 중부내륙선철도의 활용수준과 가능성을 고려해야 하고, 단계적으로 지하화, 고속화, 복선화 등의 문제에 대한 해결방안을 찾아야 할 것 같다. 또다시 논쟁 속에서 세월을 보낼 수는 없기 때문이다.

철도인근 주민들의 고통해소와 철도의 교차문제 그리고 지역발전은 혁신적인 발상전환을 통해 함께 해결할 수도 있다. 이는 철도교차지점에 있는 기존의 도시 형태를 지우고 백지상태에서 가장 효율적이고 미래지향적인 모습으로 새로이 디자인하자는 것이다. 여기에 기존의 충주역과 종합버스터미널을 옮겨 광역복합환승센터를 건설하고 주변의 역세권을 제대로 개발하는 것이다. 두 개의 철도노선을 새로이 설계하고, 새로운 마을을 건설하여 그동안 고통받아온 인근 주민들을 충분한 보상과 함께 이주할 수 있도록 하는 근본적인 변화를 시도하자는 것이다. 이렇게 할 때 중부내륙선철도의 이용을 극대화할 수 있으며, 여기에서 충주발전을 위한 혁명적 동력이 발생할 수 있다.

2015년 11월 2일

문경보다 낙후될 수도 있다

지난 중부내륙선철도 충주발전 토론회에서 영주행 철도가 분기되는 문경이 충주를 제치고 중부내륙선의 결절지가 될 수 있다는 경고성 발언이 있었다. 이렇게 될 경우 문경이 중부내륙선의 중심도시가 될 수 있다. 문경은 사실 문경~울진 고속도로 건설이 계획되어 있고, 인근 상주에서 중부내륙고속도로가 사방으로 분기되고 있다. 이미 관광과 사과 등으로 부상하고 있는 문경이 중부내륙선철도를 토대로 더욱 발전할 경우 충주를 앞지르고 아우르게 될 수도 있다.

우리는 그동안 충주를 한반도의 중심도시라 자부해 왔다. 중심이란 위치는 힘이 있을 때는 사방으로 뻗어나갈 수 있지만, 힘이 없을 때는 오히려 어느 쪽에서든 침탈당할 수 있다는 의미이다. 신라시대 이후 중원문화의 특성이 뚜렷하지 않은 것도 이러한 지정학적 위치 때문일 것이다. 이미 커버린 원주와 한창 발전하고 있는 여주 그리고 문경까지 충주보다 큰 도시가 된다면 충주의 백년대계를 보기는 어려울 것이다.

따라서 중부내륙선의 중심적 위치를 다른 어느 도시에도 양보할 수 없다. 교통의 경로의존성이 지극히 높은 우리나라의 경우 한번 경로가 정해지면 이를 바꾸기란 거의 불가능하다. 일단 결절지가 되고 경로상 중심도시로 부상하고 나면 인접도시가 따라잡기는 더욱 어렵다. 그래서 시간이 많지 않다. 충주까지 중부내륙선 철도가 오고 다시 문경으로 개통되기 전까지가 우리에게 주어진 한계 시간이다. 그 시간 안에 충주는 중부내륙선의 중심도시로서 충분한 준비와 역량을 갖추어야 한다.

그래서 '광역복합환승센터'와 같은 교통인프라가 더욱 절실하다. 충북선과 중부내륙선 철도를 비롯한 4개의 교통망이 집중된다는 것은 그만큼 유동인구의 집중도 가능하다는 의미이다. 다양한 교통수단과 경로를 통해 서울과 세종시로 또는 그 반대 방향으로 가는 사람들이 충주로 집중되도록 하고 최대한 유동인구가 밀집되도록 해야 한다. 그러기 위해서는 한 공간 내에 철도는 물론 고속버스와 택시 등 대중교통수단과 자가용 이용자까지 환승과 주차가 같은 공간 내에서 손쉽게 이루어지도록 해야 한다. 여기에 문화와 쇼핑 그리고 놀이의 공간까지 충분히 마련되어야 한다. 고속버스 터미널과 지하철 환승역 그리고 백화점과 쇼핑센터까지 한 곳에 집중된 서울 강남터미널과 센트럴시티를 충주에 짓지 말라는 법은 없다.

이러한 교차지점에 광역복합환승센터가 건설된다면 맞은편에 건설 중인 충주종합스포츠타운의 활용도 배가될 수 있다. 1,203억원이나 투자되는 국제규모의 경기장을 최대한 활용하지 않고 막대한 유지비만 부담할 수는 없다. A매치 축구경기나 각종 국제 행사 등을 유치해야 한다. 그런데 지금의 충주역으로는 수많은 관중의 이동을 수용할 수 없다.

그리고 단월벌은 건국대학교 5분 이내 한국교통대학교 10분 이내의 거리에 있다. 역세권을 대학문화와 젊음 그리고 이벤트 중심의 거리로 조성한다면 충주가 중부내륙권 최대의 문화도시, 젊음의 도시로 발전할 가능성이 충분하다.

1956년 충주시 승격이후 오늘까지 과선교를 넘어 충주도심으로 들어오는 입구에는 향토색이 물씬 풍기는 경관이 펼쳐지고 있다. 도시가 발전된다고 해서 농업을 소외시켜서는 안 되지만, 중부내륙선의 중심도시가 되기 위해서는 선진적인 도시 이미지가 더 필요할 것 같다. 이런 이유와 더불어 중부내륙선철도 건설을 계기로 단월벌의 전면적인 개발을 함께 추진함으로써 지역개발효과를 배가시켜야 한다. 이는 대기업자본을 유치하거나 공영택지개발 등 다양한 방식으로 가능할 것이다. 충주시가 직접 개발을 주도할 경우, 광역복합환승센타 건립이나 노선변경으로 인해 발생할 수 있는 분담비용을 충당하거나 기존의 부채 해결에도 어느 정도 도움이 될 수 있을 것이다.

이러한 충주발전혁명의 초석이 될 역사적 지역개발사업을 위해서는 자치단체는 물론 지역주민들의 과감한 결단과 합의가 필요하다. 그리고 무엇보다도 개발이익에서 소외되거나 오히려 피해를 보는 주민은 없는지 살펴야 한다. 아울러 참여하는 모든 이가 사심없이 바르고 참되게 노력해나가야 한다.

2015년 11월 9일

누구를 위한 '길'인가?

한반도의 중심도시, 사통팔달의 도로망, 여기저기 국도4차선 확포장이 이루어지고 중부내륙고속도로가 뚫린다고 했을 때, 우리는 저절로 부자동네 되는 줄 알았다.

그런데 국도와 중부내륙고속도로가 새로 뚫리고 난 뒤 앙성 온천은 자칫 지나치기 쉬운 관광지가 되었고 수안보온천은 괴산IC까지 가서 돌아들어가야 한다. 이전 보다 관광객이 더 많이 찾아오거나 특별히 지역발전이 이루어진 것 같지도 않다.

그동안 여러 개의 국도가 개선되었고, 고속도로도 하나 더 개통되었다. 그런데 이렇게 좋아진 '길'이 정치인들의 당선에는 도움을 주었는지는 몰라도 지역발전이나 지역경제 활성화에 기여했다는 뚜렷한 흔적을 남기지는 못했다.

이는 사회간접자본의 특성 때문이라고 할 수도 있겠으나 우리 지역을 통과하는 '길'에 대한 주체성도, 주도권도 우리가 갖지 못했기 때문이기도 하다.

우리 동네를 지나가는 길은 당연히 우리의 길이고, 계획당시부터 우리의 입장과 편익이 고려되어야 했다. 그리고 우리는 우리의 '길'에 대한 활용계획과 미래의 경쟁력에 대한 준비가 있어야 했다. 그런데 우리는 그저 '길'만 뚫리면 저절로 다 잘 되는 줄 알았다.

중앙정부가 주도하여 건설하는 길이라 하더라도 그 '길'에 대한 주체성을 가지고 당연히 계획 시점에서부터 구체적인 활용방안을 모색하고 중앙정부를 설득하는 한편, 실천의 노력을 전개했어야 했다.

우리가 소망했던 '길'이 가져다 준 결과가 우리를 만족시키지 못하는 것은 우리 스스로 충분히 예측 가능했던 환경 변화임에도 불구하고 이에 대한 사전 대응이 부족했기 때문이다. '길'은 지역의 정치 · 경제 · 사회 · 문화 · 산업 등 거의 모든 영역에서 중요한 환경의 변화요인이다. 더욱이 지금은 21세기다. 오로지 변화를 선도하고 실천하는 도시만이 살아남는 시대이다.

변화에 민감하지 않는 도시는 낙후될 수밖에 없고, 오히려 자신의 환경까지 능동적으로 변화시키고 시대를 선도해 나가는 도시만이 발전하게 되는 시대이다.

따라서 우리는 미래에 대한 예측과 구상 그리고 능동적이고 적극적인 의지와 노력으로 충주로 통하는 모든 길은 '충주의 길'이 되도록 해야 하고, 이를 토대로 이룩한 충주의 발전이 대한민국 발전의 중심이 되도록 해야 한다.

지금 중부내륙선 철도를 놓기 시작했다고 한다. 그런데 얼마 전 국회에서 남부내륙선 철도를 중부내륙선 철도보다 빠른 준고속철도(설계속도 250Km)로 놓겠다며 예산을 배정했다고 한다. 남부내륙선 철도는 중부내륙선과 김천지역에서 이어져서 진주를 거쳐 거제까지 가는 철로이다. 이렇게 되면 설계속도 200Km에 단선으로 건설되는 중부내륙선 철도의 미래 경쟁력은 기대하기 어려워진다.

이는 앞으로 고속철도가 국가단위의 이동과 수송의 중심이 될 것이며, 남북간 노선경쟁이 치열하게 벌어질 것으로 예상되기 때문이다.

부산에서 출발하는 경부고속철도와 기존의 경부선철도가 김천을 지나고 있으며, 서울 수서에서 여주, 원주를 거쳐 강릉으로 이어지는 고속철도가 이미 건설 중에 있고, 중앙선철도가 복선화를 시작했다.

결국, 중부내륙선을 둘러싼 다른 모든 철도가 더 빠르게 또는 복선으로 건설되고 있다. 앞으로 속도가 늦고 대기시간이 많은 중부내륙선을 피해 부산에서 출발하는 물류가 중앙선으로 올라가고, 거제에서 출발하는 물류가 김천에서 경부선을 거쳐 서울 외곽으로 빠질 경우 중부내륙선의 활용도는 더욱 낮아질 수밖에 없다. 이는 대한민국 국가성장축에서 중부내륙선과 충주가 밀려나고 있음을 예고하는 것이다.

그동안 충주는 한반도의 중심도시로서 사통팔달의 도로망을 자랑해왔다. 낙후되고 불편한 도로망과 교통체계를 가지고 사통팔달의 도시를 자랑할 수는 없다. 철도를 비롯한 도로망의 개선이 서둘러 이루어지도록 해야 한다.

그런데 사업을 결정하는 철도당국의 논리는 주로 B/C(비용편익)분석에 의존한다. B/C분석은 비용의 투입방식에 따라 분석결과가 달라지는 문제가 있지만, 편익을 키우기 위해서는 결국 활용도를 높여야한다는 데는 이론이 있을 수 없다.

중부내륙선의 활용도를 키워야 하고 그러기 위해서는 충북선과 중부내륙선의 환승역에 공용버스터미널을 포함시켜 복합환승센터를 만들어야 한다. 그러나 지금 충북선과 중부내륙선 철도의 환승역이 기존의 충주역으로 계획되어 있다. 지금의 충북선 철도만으로도 공간이 부족한 충주역이 두 개 노선의 환승역으로 제대로 기능하기는 어려울 것으로 보인다. 더구나 지금도 혼잡한 공용버스터미널이 충주역과는 애매한 거리를 두고 있다. 이런 상황에서 철도와 버스의 환승은 어떻게 할 것인가?

단월벌과 같이 넓고 효율적인 위치에 다양한 교통수단의 환승이 한 곳에서 이루어지는 복합환승센터를 최소한 광역차원에서 건설해야한다. 그래서 진정한 한반도의 중심도시, 사통팔달의 도시, 충주의 명성에 걸맞게 대한민국의 모든 사람들이 자유롭게 충주를 거쳐 가도록 해야 한다. 그리고 우리는 이들이 머물다갈 수 있도록 준비해야 한다.

보다 빠른 철도와 광역복합환승센터를 건설하여 교통과 이동의 편의성을 제공하고, 이를 이용하는 사람들이 들르지 않고는, 머물지 않고는 그냥 지나칠 수 없도록 특성 있는 역세권을 개발하고 테마 있는 노선관광계획을 수립·추진해야 한다.

이제 더 이상 우리가 주인이 아닌 길은 의미가 없다. 우리가 주인인 길을 만들기 위해 주체적 의식을 가지고 주도적으로 행동해야 한다. 이미 기공식을 했다고 해서 불리한 미래를 무조건 수용하거나 간과해서는 안 된다. 할 수 있는 최선을 다해 개선을 요구하고 최단기간 내재건설이라도 이루어 내야 한다.

이번에는 '충주를 위한 충주의 길'을 만들 수 있을지?

정치인과 지도층은 물론 지역주민 모두의 미래에 대한 의지를 시험할 때이다.

2015년 12월 14일

충주 100년 비전을 낙후의 상징 단월벌에서 찾자

봄이 온다. 만물을 소생시키는 햇살이 봄을 몰아오고 있다. 그런데 100여년 침체 속에 잠자는 충주의 저력을 깨우고 역동의 기지개를 켜는 날은 언제일까? 지역에도 햇살과 같은 무엇이 있어야 발전의 봄이 오는가? 그렇다면 그것은 바로 100년 대계를 그리는 비전의 제시일 것이다.

한반도의 중심도시 충주라는 말이 그저 구호에 불과한 것은 아니다. 충주는 이러한 지정학적 위치로 인해 번영과 침체 그리고 고통의 역사를 겪어왔다. 오랫동안 영남대로의 중심으로, 수운의 요지로 번영을 누렸던 반면에 왜군의 침략 루트로 팔천여 민관이 함께 몰살을 당한 아픔도 지니고 있다. 더욱이 일제강점기 이후 교통의 중심에서 멀어지면서 지금까지 침체와 낙후에서 벗어나지 못하고 있다.

지역의 발전은 결국 이러한 지리적 위치를 우선 고려할 수밖에 없다. 그래서 역대 충주의 리더들은 사통팔달의 길 닦기에 열중해 왔다. 이제

길 닦기의 최종판이라 할 수 있는 철길까지 동서남북으로 열리게 되었다. 드디어 동서남북의 고속도로와 고속철도가 제대로 건설되고 고속버스와 기차를 한 곳에서 자유롭게 옮겨 타고 편리하게 이동할 수만 있다면, 이러한 교통인프라가 충주지역의 발전에 다시없는 동력이 될 것이다. 그리고 우리는 이 절호의 기회를 최대한 활용할 수 있도록 후회없을 노력을 다해야 한다.

그래서 우리는 지역침체의 상징인 단월벌에 고속버스와 기차를 함께 이용할 수 있는 복합환승센터를 만들고 그 역세권을 제대로 개발함으로써 충주발전을 견인토록하고 그 효과가 중부내륙권 전역에 퍼지도록 해야 한다.

최근 충청북도는 충북선 고속화를 위한 예비타당성 조사를 금년도에 실시하도록 촉구했다. 그리고 국토교통부는 2월 4일 제3차 국가철도망 구축계획(2016~2025)의 공청회를 개최했다. 이 제3차 국가철도망 계획에는 일반철도를 230Km 이상으로 건설하고, 역은 가능한한 도심에 두고 복합환승센터를 건설하도록 제시하고 있다. 그리고 이미 중앙선 등 주요 철도는 모두 복선화가 추진되고 있다.

그런데 중부내륙선철도 건설계획은 단선에 최고속도도 200Km에 불과하고, 달신, 원달천 마을을 포위 또는 절단하고 있으며, 기존의 충주역 위치로 계획된 환승역은 화물터미널과 함께 사용하도록 되어 있어 혼잡과 불편을 예고하고 있다. 현재 충주역의 화물량이 2일에 8량에 불과한데도 많은 컨테이너가 야적되어 있고, 교통 혼잡을 일으키고 있다. 만약 중부내륙선과 충북선의 화물이 함께 몰려와 쌓이고 환적된다면 상상할 수 없는 혼잡과 불편이 예상되며, 모든 고통과 위험을 고스란히 충주시민들이 감당해야 된다.

여객은 여객대로 화물은 화물대로 최적화된 위치에 있어야 철도의 효율성과 지역발전의 효과가 제대로 발휘될 수 있다. 여객터미널은 건국대사거리에 버스터미널과 함께 복합환승센터로 건설하여야 하고 화물터미널은 금가 마사역에 두고 물류기지화해야 한다.

최근 고속화를 추진하는 충북선이 과거 충주비료공장시절의 노선을 그대로 활용할 것으로 보인다. 이제는 화물과 여객의 수요가 거의 없는데도 굴곡이 많은 노선을 고집하여 철도의 속도를 늦출 필요가 없다. 고속화의 의미에 맞는 노선과 속도의 개선을 통해 장기적인 비용 절감과 효율성을 확보해야 한다. 따라서 충북선은 중부내륙선과 나란히 금가 마사역까지 진행하고 그 곳에서 곧장 인등터널로 진행해야 한다.

충북선만으로도 오랫동안 시달려온 달신, 원달천 마을의 고통을 더욱 가중시킬 수는 없다. 중부내륙선이 충북선과 나란히 직선으로 진행하여 그대로 단월강을 건널 수 있도록 노선계획을 수정해야 한다. 달신, 원달천 마을 주민들을 보상차원에서라도 역세권 주변으로 이주토록하고 그 자리에 복합환승센터를 건설해야 한다. 충북선 철도는 한국교통대학 입구 이전의 위치에서부터 지하화하여 한국교통대학교 입구의 건널목을 없애야 하고, 달천강을 지나 중부내륙선과 지하에서 만나야 한다. 그래야 교통사고의 위험도 크게 감소시킬 수 있다. 또한 충북선과 중부내륙선의 도심구간을 함께 추진할 경우 중복 공사로 인한 예산 낭비와 주민불편을 방지할 수 있다.

지금은 편의성 높은 교통인프라를 우선 구축하여 인구의 유입과 경제발전을 도모하는 시대이고, 제3차 국가철도망계획은 2016~2025년의 철도건설계획이다. 그런데 중부내륙선철도는 과거의 계획대로 올해부터 지어질 것이고 그나마도 공기인 2019년까지 완공이 불안하다.

남들은 고속도로를 달리는데 우리지역에는 이제야 겨우 신작로나 닦을까? 말까? 하는 격이다. 지금까지 우리는 무엇을 하고 있었는가?

2016년 2월 22일

또 다시 기회를 놓칠 것인가?

2004년 8월 2500여명의 충주시민이 참여한 상경집회 지부상소를 정점으로 혁신도시의 충북 배제가 철회되었고 충주시민들은 기업도시와 혁신도시의 충주유치운동을 전개하였다. 그런데 이미 12년의 세월이 흐른 탓인지 한동안 충주시청 3층에 전시되었던 지부상소의 상징인 상소문과 도끼마저도 행방이 묘연하고, 사람들도 그때의 열정은 물론 기억조차 희미해진지 오래인 것 같다.

당시 "혁신도시는 어음이고 기업도시는 현금"이라며 기업도시가 혁신도시보다 중요하다는 사람들도 있었으나 지금은 "음성의 혁신도시가 더 잘 된다"며 혁신도시를 먼저 유치했어야 한다거나 심지어 "괜히 혁신도시 충북배제를 철회해서 음성이 많이 발전했기 때문에 충주가 더 위축된다"며 혁신도시 충북배제철회를 오히려 원망하는 이도 있다.

2005년 7월 충주에 기업도시가 유치된 바로 그날, 광장에서는 축제가 열리고 있던 시간, 필자는 혁신과 기업도시의 유치운동에 앞장섰던 핵심인사들에게 혁신도시를 충주, 음성, 괴산이 공동으로 유치하여 음성군 소이면을 중심으로 3개 시군의 접경지역에 배치하도록 지방자치법 제159조에 규정된 지방자치단체조합을 구성하여 신청·운영할 것을 제안하고 있었다.

그 이유로 우선, 기업도시와 혁신도시의 시너지 효과를 통한 충주, 음성, 괴산의 상생발전이 충북중북부권의 발전을 견인하고 나아가 중부내륙권 발전의 토대가 되어야 한다는 점과 미래에 진행될 수 있는 도청 이전이나 행정구역 광역화에 대비하기 위해 이웃도시와의 협력과 상생의 노력이 사전에 전개되어야 한다는 점 그리고 무엇보다 기업도시를 유치한 상황에서 혁신도시까지 단독으로 유치하는 것이 매우 어렵다는 점을 들었다.

그러나 당시 충주는 혁신도시 충북배제 철회의 공로가 가장 큰 충주로 혁신도시가 오는 것이 당연하다는 분위기였다. 그래서 한동안 단독유치를 추진하다가 그것이 여의치 않자 서둘러 3개 시·군 공동유치 전략을 채택하고 음성, 괴산과의 협의를 시도하였으나 괴산은 적극적이었던 반면, 음성은 미온적이었다. 이미 진천군과 공동유치의 움직임이 있었던 것이다. 당시 충주는 보다 빠른 상황판단과 전략적 결정 그리고 과감한 행동이 있었어야 했다.

어쨌든 혁신도시는 음성과 진천의 접경지역에 건설되었다. 우리는 이들의 성공과 발전을 진심으로 축하해주어야 한다. 그러나 그럼에도 불구하고 혁신도시가 못내 아쉬운 이유는 기업도시와의 시너지 효과를 상실했기 때문이고, 그것이 중부내륙권의 발전의 촉매로 작용하지 못했기 때문이다. 만약 사전에 보다 전략적으로 임했었다면 그래서 혁신도시를 유치했다면 기업도시와 혁신도시의 시너지 효과는 지역발전은 물론 충북 중북부권과 중부내륙권의 발전을 촉진하는 큰 역할을 했을 것이다.

이제 몇 년 후면 중부내륙선철도가 개통되고 충주는 두 개의 고속도로와 두 개의 철도를 갖는 대한민국에서 몇 안 되는 주요 교통결절지가 된다. 그런데 아무리 훌륭한 사통팔달의 교통시설이 갖추어진다고 해도 이것들을 하나로 묶어 상승효과를 낼 수 없다면 지역발전의 주요 토대로 작용하기 어렵다.

따라서 달천사거리와 같이 충주발전을 견인할 수 있는 위치에 동서남북을 잇는 고속도로와 동서남북을 잇는 철도를 연계하는 통합교통시설인 복합환승센터를 설치하여야 하고, 이것이 지역의 주요 자원인 두 개의 대학과 종합스포츠타운과 함께 어우러져 상승효과를 최대한 분출토록 해야 한다.

이렇게 할 때 충주는 과거 중원경과 충주목의 영광을 되찾고 충북중북부권은 물론 중부내륙권의 상생발전도 견인할 수 있다. 때문에 지금은 어느 때 보다도 빠른 판단과 전략적 결정 그리고 과감한 행동이 필요한 때이고 이를 위해 충주시민의 단결과 의지가 절실히 요구되는 때이다.

그런데 지금 이 절호의 기회를 또다시 놓친다면 그 때는 또 누구를 원망할 것인가?

2016년 3월 7일

노력할 수 있다면 무엇이 어려운가?

봄 햇살을 느끼면서도 은근한 추위에 몸을 움츠리며 길을 가던 중, 갑자기 "기도할 수 있는데 왜 걱정하십니까?"라고 쓰여진 현수막이 눈에 뜨인다. 지역과 미래에 대한 여러 가지 우려와 희망이 뒤얽힌 우리에게 무언가 다가옴이 있는 말이다.

얼마 전 충북선을 강릉원주선과 연결시키려는 충청북도의 계획이 있었고, 어느 국회의원 후보의 중부내륙선의 고속화·복선화에 관한 발언이 있었다. 이는 철도의 경쟁력과 효율성 향상에 절대 필요한 것임에 틀림없다. 그런데 노선 간 연결이나 고속화·복선화는 하나의 기반조성이다. 여러 곳에서 기차가 오고 안전하게 빨리 지나가기만 해서는 지역발전과 경제 활성화에 도움이 되지 않는다. 이러한 기반 위에 지역발전의 직접적인 견인장치가 있어야 한다.

중부내륙선철도의 초기 노선을 변경하여 금가지역으로 우회시킨 명분이 충주북부권의 발전이었다. 그런데 금가마사역이 생기리라는 처음의 기대와는 달리 신호장이 계획되어 있다. 마주 오는 기차를 피하기 위해 잠시 멈춰 선다고 지역발전이 이루어지지는 않는다. 많은 국가예산을 추가하여 철도를 우회시키는데 지역발전을 이끌 역과 역세권을 만들지 않는다면 어떻게 그 지역을 발전시키겠는가? 우회하느라 늘어난 건설비와 운행시간은 물론 수많은 승객들의 시간과 기회비용까지… 비경제성의 책임은 누가 질 것인가? 직접적인 지역발전 견인장치를 만들지 않는다면, 중부내륙선철도의 충주북부권 우회는 일종의 원인무효에 다름 아니다.

더욱이 두 철도의 환승역이 기존 충주역으로 계획되어 있어 화물의 환적과 야적까지도 함께 이루어져야 한다. 지금 충북선만으로도 좁고 혼잡한 충주역을 두 개의 철도를 함께 갈아타고 대기까지 하는 환승역으로 사용한다는 것은 아무래도 무리이다. 그리고 지금의 충주역과 버스터미널의 위치와 상황으로는 기차와 버스의 환승의 편의성을 제공하기는 매우 어렵다.

또한 현재 2일에 8량 정도의 화물이 발생하는데도 충주역에는 많은 컨테이너들이 야적되어 있다. 앞으로 두 철도의 화물이 몰려들고 중앙선과 경부선의 혼잡을 피해 중부내륙선의 화눌이 승가한다면 어떻게 감당할 수 있겠는가? 더군다나 철도화물은 화학물질, 폭발물 등 위험물을 많이 취급하는데 기존의 충주역은 도심에 있다.

다행히 멀지 않아 충북선 고속화 예비타당성조사를 시작하고, 중부내륙선의 충주역 이후 구간 공사를 발주할 것 같다. 새로운 철길을 놓고 역을 마련한다면 이러한 문제들을 우선 해결하고 지역발전을 견인할 최적의 대안을 모색해야 함이 당연하다.

중부내륙선의 달신·원달천 마을 구간의 과선교를 철거해야 하며, 그 자리로 충주역을 충주공용버스터미널과 함께 이전하여 복합환승센터를 건설해야 한다. 그래서 1,203억이 투자되는 충주종합스포츠타운의 활용도를 높이고 지역발전을 함께 견인하도록 해야 한다. 그리고 이미 폐쇄된 목행역, 동량역을 통과하는 충북선을 수정하여 금가 마사까지 중부내륙선과 함께 나란히 가고 거기에서 곧장 인등터널로 향해야 한다. 금가마사역에 화물터미널을 두고 철도물류기지화해야 한다. 그렇게 할 때 충주북부권의 발전과 충주호 우안지역의 관광활성화에 기여할 수 있게 된다.

이러한 제안에 대해 일부에서는 중부내륙선의 완공이 늦어지거나 예산 확보의 어려움을 우려하고 있다. 이미 시작된 국가사업이 1Km 남짓한 구간조정과 역사 이전으로 인해 공사기일이 늘어나기 보다는 2018년 평창동계올림픽 때문에 국가예산이 집중되어 공기가 연장될 우려가 더 크다. 또한 복합환승을 위한 기본시설과 업무, 상업, 문화공간의 투자를 별개로 추진할 수 있다. 서울 강변역과 동서울터미널의 환승부분만 붙여짓는다면 예산이 얼마나 필요할까? 무엇보다 긍정적, 적극적 사고가 필요하다.

"기도할 수 있는데 무엇이 두려울 것이며, 노력할 수 있다면 무엇이 어렵단 말인가?"

2016년 3월 14일

가는 길이 편해야, 오는 이가 많아진다

며칠 전 새벽 서울행 첫차를 타러 버스터미널에 갔다. 일찍 서두른 탓에 차를 타기에는 충분한 시간이었으나 터미널 주차장은 닫혀있고, 주변에는 차를 안전하게 주차할 마땅한 곳이 없었다. 이곳 저곳 골목길이나 남의 건물 옆 빈 공간이라도 찾아 헤매다가 겨우 멀찌감치 있는 주차장을 찾아 주차를 하고 허겁지겁 버스를 탔다.

터미널 옆 주차장이 터미널 주차장인지? 롯데마트 주차장인지? 궁금했다. 몇 년 전에도 이런 불편에 대해 지역 지도층 몇 분과 개선방안을 논의한 적이 있었지만 아직도 해결되고 있지 않는 문제이다.

시민들이 편안하게 차를 대고 서울이나 청주와 같은 인근도시에서 일을 보고 돌아올 수 있는 여건이 왜 마련되지 않는지? 충주시가 땅이 좁아서인지 아니면 지역사회에서 이런 문제를 해결할 수 있는 분들이 주로 자가용이나 관용차만 이용하다보니 시민의 불편을 잘 모르거나 관심을 갖지 않아서인지도 모르겠다.

지난 선거에 여러 가지 공약과 정책이 나왔고 그 가운데 중요한 이슈 하나가 수도권 철도시대의 개막이었다. 수도권 철도에 편입된다는 것은 편안하게 기차를 타고 서울과 수도권 도시들을 다녀올 수 있다는 말이고 여기에는 자가용, 자전거 등 자가 교통 수단을 비롯한 다양한 연계교통수단을 자유로이 활용하여 철도와 환승할 수 있는 여건을 충분히 마련해야한다는 말이다. 즉, 자가용이든 자전거든 쉽게 주차해 놓고 서울이나 경기도 지역을 다녀올 수 있도록 해야 한다는 말이고, 그래야 수도권 철도를 제대로 활용할 수 있다는 말이다.

지금 충주지역은 버스터미널의 주차장뿐만 아니라 수도권 전철시대의 개막을 기다리는 충주역의 주차시설조차 활용하기 매우 불편하다. 심지어 손님을 마중 나가도 차를 대놓고 기다리기가 불안하다. 더욱이 충주역은 충북선과 중부내륙선이 마주하는 환승역으로 지정되어 있는데도 특별한 개선계획이 없다. 그저 중부내륙선이 지나가는 철로를 하나 더 놓고 그 철로를 건너가는 건널목 대신 육교를 놓겠다고 한다. 이것으로는 충주역이 환승역의 역할을 제대로 하기도 어렵고 지금의 불편만이 더욱 심화될 것이 자명하다.

우리가 나가는 길이 편해야, 우리를 찾아오는 이들도 쉽게 올 수 있고 더 많은 이들이 올 수 있다. 지금 충주는 중부내륙선의 개통과 충북선 고속화의 기회를 활용하여 지난 100년의 낙후를 딛고 새로운 미래를 창조하려는데 시민 모두의 간절함이 뭉쳐있다.

중부내륙선과 충북선이라는 교통인프라를 지역발전에 활용할 수 있는 최선의 연계시설 그리고 지역사회 대응전략의 마련과 실천을 통해 최대한 많은 이들이 손쉽고 편리하게 충주에 오도록 해야 한다. 그냥 지나가거나 주변에만 머물다 가도록 해서는 안 된다. 우리의 생활 속, 문화 속으로 깊숙이 찾아오도록 해야 한다. 그래야만이 실질적인 지역경제 활성화와 지역발전을 기대할 수 있다.

중부내륙고속도로가 개통되기 전, 길만 뚫리면 지역발전이 그냥 다 될 것처럼 생각했었다. 그런데 고속도로 개통 이후 우리 주변이 변화되기는 했지만, 기대했던 것만큼 지역발전에 기여하지는 못한 것 같다. 이는 우리가 중부내륙고속도로 활용정책을 제대로 구현하지 못했기 때문이다.

이제 중부내륙고속도로는 확장을 요구해야 할 만큼 교통량이 급증하고 있다. 충주를 중심으로 하는 철도교통 역시 이렇게 급속히 성장할 수 있다. 이러한 성장이 지역발전의 토대가 되기 위해서는 충주발전에 필요한 철도활용정책을 구현해야 한다. 그리고 철도교통의 성장에 따라 버스교통체계도 변화될 수밖에 없다. 고속도로와 철도, 기차와 버스의 상생을 통한 지역발전의 견인장치가 바로 복합환승센터와 물류기지이다.

우리가 편하게 차를 대고 서울과 청주를 다녀올 수 있고, 충주를 찾는 분들이 편리하게 기차로 도착해서 손쉽게 버스와 택시로 갈아타고 우리 생활 속 깊숙이 들어오거나 인근지역을 찾을 수 있도록 할 때 비로소 우리는 수도권 철도시대를 맞이할 수 있고, 진정한 사통팔달의 한반도 중심도시가 될 수 있다.

2016년 4월 25일

중부내륙선철도 도심구간을 모두 지하화해야 한다

유난히 뿌연 하늘을 보니 오늘도 미세먼지 '매우 나쁨'이 떠오른다. "언제까지 우리는 어쩌면 '독'일지도 모를 먼지들을 마시고 살아야 하는 것인가?" 미세먼지의 발원을 단순히 중국이라고 생각해 온 우리에게 얼마 전 경유 차량과 자동차 타이어가 주된 원인 중 하나라는 사실이 보도되었을 때 충격은 작지 않았다. 결국 우리가 보다 저렴하게 사용하기 위해 만들었던 경유차와 시멘트 도로가 우리의 일상을 더욱 가로막고 병들게 하는 결과를 초래했다는 것인가?

정부에서도 이러한 대기오염의 심각성을 고려한 것인지 청정 교통수단인 철도에 관심이 더 높아지기 시작한 것 같다. 지난 2월 발표된 '제3차 국가철도망 구축계획 수립연구(2016~2025)'를 보면 세계적으로 추진되고 있는 대기환경개선에 맞추기 위해 철도중심의 녹색교통체제로 전환할 것을 제시하고 있다. 아울러 이 보고서는 철도를 통해 성장잠재력 있는 도시의 지역개발을 촉진하고 이를 통해 국가의 신 성장

동력을 확보할 것을 함께 제시하고 있다.

철도에 대한 국민과 정부의 관심이 높아져 가고 있는 이때 충주지역에 새로운 철도 공사가 시작되고 있다. 부발에서 분기되어 문경을 거쳐 김천에 이르는 중부내륙선 철도가 부발~충주역 구간의 공사가 이미 진행 중이며, 제6공구(충주역~살미 세성)의 공사가 발주될 즈음에 이르러 있다.

그런데 이 구간의 철도건설계획을 보면, 달천동지역을 충북선철도와 과선교를 우회 통과한 후 단월벌의 한가운데를 가로지르도록 되어 있다. 기존의 계획대로 철도건설이 이루어진다면, 달신·원달천 마을은 철도에 의해 완전히 절단되고 포위되는 상태가 될 것이며, 단월벌을 좌우로 분단시키게 될 것이다. 이는 기존 충북선 철도만으로도 오랜 세월 고통을 받아온 달신·원달천부락 주민들의 고통을 더욱 심화시키는 것이고, 새로운 도시의 분절과 낙후지역을 발생시키는 결과를 초래할 것이다.

이러한 이유들로 인해 그동안 충주시민들은 중부내륙선 철도 충주시 도심구간의 기본계획을 변경하여 도심구간의 전면적인 지하화를 여러 차례 요구해 왔다.

단월벌은 언젠가는 기존 도심과 서충주를 잇는 충주의 중심으로 발전해야할 도심주변 최고의 미개발지역이다. 단월벌이 외지인의 눈에는 단순한 농촌지역으로 보일지 모르지만 우리 충주인들은 단월벌에 100년의 미래를 세우고 있다.

만일 단월벌을 가로지르는 철도가 생긴다면, 도시의 발전은 일부분에 국한되고 철길 건너편은 낙후지역이 될 수밖에 없다. 우리는 충북선에 의해 분절된 칠금동과 금릉동 지역이 어디까지 어떻게 발전되었고 왜 침체를 극복하지 못하고 있는 지 깊이 체감하여 왔다.

서울지역 주민들은 기존 지하철의 지상구간의 지하화를 추진하고 있다. 도시의 분절과 이로 인한 기형적 발전 그리고 주민피해를 해결하기 위해서이다. 다른 지역에서는 기존 철도 구간의 지하화를 추진하고 있는 시대에 우리는 도심구간을 새로이 분절시키는 일이 있어서는 안 된다.

만일 중부내륙선 철도가 기존의 계획대로 건설되거나 일부분만 지하화 된다면 나머지 지상구간의 철도는 도시를 분절시키거나 마을 앞을 막아서고야 말 것이다. 이는 또다시 달신·원달천 마을의 경우와 같이 끝없는 희생을 요구하는 것이고, 도시 분절에 따른 새로운 지역의 낙후와 장기 침체를 강제하는 것이다.

충주시민들은 중부내륙선철도가 충주 발전의 동력이 되고 충주의 발전이 중부내륙지역의 발전을 견인함으로써 대한민국의 성장에 기여할 것을 기대하고 있다.

그런데 그저 안일한 사고와 경제논리에만 사로잡혀 단순히 저렴한 길을 택하거나 미래를 위한 우리세대의 역할을 회피한다면, 우리는 결국 미세먼지와 같은 또 하나의 '후회'를 만들고, 우리도 모르는 사이에 우리 자신을 희생시키게 될 지도 모른다.

2016년 5월 30일

6월 하늘의 뜨거운 염원

지금 단월벌에는 중부내륙선철도 도시구간 지하화를 주장하는 수많은 현수막들이 6월의 태양 보다 더욱 뜨겁게 외치고 있다. 지난 수십년간 철길로 인해 고통을 겪어온 마을과 그 이웃들이 더 이상 분절의 고통을 감내할 수 없다는 강력한 의지를 표현하고 있는 것이다.

중부내륙선철도 제6공구의 기본계획은 단월벌을 가로질러 단월강을 건너가는 것으로 되어 있다. 충북선을 피해 일부 구간을 지하화하거나 우회하더라도 전철이 단월벌을 가로지른다는 것은 결국 돌출된 철로가 달천강둑과 함께 송림, 신대마을 등을 또다시 분리하거나 포위하는 형태가 될 수밖에 없다. 이는 오랫동안 달신·원달천 마을주민들이 겪어왔던 고통을 옆으로 이전하거나 확대하는 결과를 초래할 것으로 보인다. 따라서 주민의 고통을 근본적으로 해결하고 단월벌이 충주의 미래를 창조할 터전으로 발전해 나가기 위해서는 중부내륙선철도의 도심구간을 모두 지하화할 수밖에 없다.

또한 중부내륙선철도의 도심구간 지하화는 멀지 않아 시행될 충북선

고속화사업과 연계하여 수행되어야 한다. 지하화된 중부내륙선이 충북선과 만나는 달신마을 주변에 지하 환승역을 포함한 충주광역복합환승센터가 건설되어야하기 때문이다.

현재 예비타당성조사를 추진하고 있는 충북선고속화사업은 충주역~봉양구간을 우선 실시하도록 계획되어 있다. 그런데 도심에 위치하는 충주역을 중심으로 사업을 나누어 시행한다면 또다시 혼란과 비효율을 초래할 수 있다. 도심구간의 건설은 같은 시기에 함께 이루어질 때, 공사의 효율성을 높이고 주민의 고통도 낮출 수 있기 때문이다. 따라서 충북선 고속화사업은 주덕역을 중심으로 봉양 방향과 오송 방향으로 나누어 실시해야 한다.

한국교통대 입구의 철도건널목은 심각한 혼잡을 초래할 뿐만 아니라 사망사고도 있었던 곳이다. 때문에 오래 전부터 근본적인 개선의 요구가 끊임없었고, 한 때는 철도를 교량형으로 개선하려는 계획까지 있었다. 따라서 충북선고속화사업은 한국교통대 입구 이전부터 지하화를 시작하여 철도건널목을 없애고 달천강과 단월벌을 거쳐 칠금.금릉 지역까지 지하로 진행되어야 한다.

우리는 지난 수십년간 충북선의 철길 그리고 달천과 남한강의 강둑에 의해 도심에서 차단되고 포위되어 교통의 불편과 발전의 정체를 겪어온 능암·칠지 등 마을주민들의 고통도 잘 알고 있다. 이제부터 이들의 불편과 고통을 해결하고 균형있는 지역발전을 위한 준비를 해 나가야 한다.

우선, 철도 건설에 있어 도시구간의 지하화가 전면적으로 이루어져야 한다. 중부내륙선철도의 제6공구 지하화는 물론 충북선 고속화사업에서도 도심구간의 전면 지하화가 추진되어야 한다. 그리고 중부내륙선 철도의 목행교~충주역 구간도 지하로 변경·건설되도록 노력해야 한다. 그렇게 할 때 철도로 인한 도시의 불편을 해소할 수 있고, 철도를 통한 지역발전의 견인력을 극대화할 수 있다.

이러한 중부내륙선 철도와 충북선 철도의 지하화를 전제로 두 노선이 마주치는 달신마을 주변에 지하 환승역과 버스터미널을 포함한 충주광역복합환승센터를 건설해야 한다. 그리고 활용도가 거의 없는 달천역을 이전하여 '한국교통대역'으로 만드는 노력도 전개할 수 있다.

얼마 전부터 서울시에서는 지하철 지상구간의 지하화를 추진하고 있다. 처음 지상구간을 건설할 당시 그 곳은 매우 낙후된 지역이었을 것이다. 그 당시 지금처럼 발전된 모습을 생각했었다면, 지상구간을 다시 지하화하는데 수조원이 드는 숙제로 남기지는 않았을 것이다.

지금, 달아오르는 단월의 대지 위에 충주시민들의 처절한 애환과 뜨거운 염원이 펄럭이고 있다.

2016년 6월 13일

작은 승리조차 아닌 이제 겨우 시작이다

2016년 6월 22일 중부내륙선 철도 제6공구가 도시구간 전면 지하화로 결정되었다. 정말 어렵다는 일이 이렇듯 시민의 바람대로 결정된 것은 6월의 하늘 아래 아우성쳤던 주민들의 처절한 애환과 뜨거운 염원이 하늘에 닿았다는 의미이다.

자칫 지상철도와 차음벽 설치로 결정되었다면 달천강둑과 철도에 포위되어 단월벌과 마을들이 철저히 분절되고 소외될 뻔한 위기를 무사히 넘겼다. 특히 차음벽은 더 높은 성벽처럼 도시의 시야마저 가로막을 수도 있었다.

중부내륙선 철도는 그동안 노선변경과 복선화 등으로 논란을 겪어왔다. 그런데 철도에 대한 시민들의 염원은 지난해 가을 충주사회단체연합회와 일부 지역 인사들을 중심으로 중부내륙선시대 준비위원회를 만들고 지역발전을 선도해 보자는 구상에서 일부 다시 시작되었다.

이들은 중부내륙선 철도 건설 기존 계획의 문제점을 제시하고, 이제는 단순히 철도가 오기만 하면 저절로 지역발전이 이루어지는 것이 아니라 지역발전을 위해 철도가 필요하다는 전제 하에 지역발전에 보다 크게 기여할 수 있는 철도 건설, 철도를 지역발전에 최대한 활용하는 방안 등을 제시하면서 일종의 '주민주도형 철도중심 지역개발론'을 제기하였다.

이들은 또한 주민피해를 최소화하고 효율성이 높은 철도 건설과 중부내륙권 발전의 랜드마크 건설을 목표로 지난 2월 26일 충주사회단체연합회에서 중부내륙선 철도 및 충북선 철도 고속화 계획의 노선 수정, 달천복합환승센터와 마사화물터미널 등을 제안하는 설명회를 개최하였다. 이후 국회의원 후보들에게 정책공약으로 제시하는 한편, 달신·원달천마을과 금가지역 주민들의 서명운동을 전개하는 등 노력을 기울여 왔다.

그러나 단순히 이러한 노력만으로 이번 결정이 이루어진 것은 아니다. 지난 수십년간 충북선 철도와 과선교로 인해 분절의 고통을 겪어온 달신·원달천 마을의 고통과 이들을 지켜본 이웃마을 주민들의 애환이 그리고 지역발전을 향한 충주시민들의 염원이 뜨겁게 전달되었기 때문이다.

이번 결정을 두고 어떤 이들은 승리를 자축하거나 자신의 공으로 내세우려 할지도 모른다. 그러나 이것은 자그마한 승리조차 못된다. 그저 이제까지의 고통을 해결하려는 단초일 뿐이고, 미래 세대에 떠넘길 수도 있었던 커다란 짐을 조금 덜어준 것에 불과하다. 이제부터 해야 할 더 큰 일이 남아있고 이것을 해결하지 못한다면 이번 결정은 그다지

잘된 결정도 아니다.

중부내륙선은 지하로 가는데 충북선이 계속 지상이나 교량으로 간다면 주민의 고통을 얼마나 감소시킬 것이며, 지역발전에 얼마나 기여하겠는가? 충북선 고속화 사업도 도시구간은 전면 지하화로 추진되어야 한다. 사망사고의 위험이 계속되고 있는 한국교통대 입구의 건널목에서부터 달신사거리와 칠금·금릉지역을 지나 남한강을 건너는 것까지 모두 지하화해야 한다.

아울러 달신마을의 고통을 해결한다면서, 충북선 철도로 인해 지난 수십년간 칠금·금릉 지역 주민들이 겪어온 도시분절의 고통과 기형적인 지역발전의 문제를 좌시할 수는 없다. 지금 진행되고 있는 중부내륙선 철도 충주역~금가 구간도 전면 지하화로 서둘러 전환해야 한다.

충북선 고속화 사업은 현재 기존의 충주역을 기점으로 충주역~봉양, 충주역~오송으로 나누어 계획되고 있다. 도시의 한가운데를 공사 기점으로 나눈다는 것은 공사로 인한 도시의 고통과 비효율을 배가하는 것이다. 도시구간의 통합적 개발을 위해 주덕역을 기점으로 나누고 주덕~봉양구간을 우선 시작해야 한다.

이러한 도시구간 전면 지하화를 전제로 충북선과 중부내륙선이 만나는 달신마을 주변에 충주역과 종합버스터미널을 이전시켜 복합환승센터를 건설하고 그 주변의 역세권을 충주종합스포츠타운과 연계하여 젊음의 거리로 조성하여야 한다. 프리미엄 아울렛과 같은 상업지구와 달천강변과 연계한 도시관광 개발 등도 추진해야한다.

또한 달천에서 만난 충북선과 중부내륙선이 나란히 마사역까지 함께 진행한 후 충북선은 곧장 인등터널로 향해야 한다. 이렇게 할 때 기존 노선의 비효율성을 극복할 수 있고, 마사화물터미널을 건설하여 중부 내륙권내 물류기지화를 추진하고, 금가 공군비행장의 민간항공 공동활용 시대를 대비할 수 있다.

이번 결정을 앞두고 전면 지하화를 외쳤던 어떤 기관이나 자치단체는 물론 정치지도자도 보이지 않았다. 오직 주민들만이 자신들의 처절한 애환과 뜨거운 염원을 토해 냈을 뿐이다. 때문에 주민을 제외한 그 누구도 승리의 주역이 아니며, 누구도 치적을 내세우거나 과실을 말할 수 없다.

이번 결정은 이제 본격적으로 지역발전을 추진하라는 시작의 경종일 뿐이다. 앞으로 남은 숙제를 해결할 사람 역시 시민들 밖에 없을지도 모른다.

2016년 6월 27일

나라의 길과 우리를 위한 길

지난 여름 휴가기간, 우연히 속초지역을 지나던 중 "시민 여러분! 정말 큰일 해내셨습니다," "시민들이 흘린 땀방울 드디어 결실을 맺었습니다," "약속의 땅 속초가 기회의 땅으로 바뀌고 있습니다"는 현수막들이 무수히 게시되어 있는 것이 눈에 띄었다.

마치 우리의 혁신도시와 기업도시 유치운동 그리고 최근 있었던 중부내륙선철도 제6공구 지하화를 주장하던 모습과 같았다. 도대체 무슨 일인가? 하여, 급히 차를 세우고 유심히 살펴보니, 속초의 동서고속철 비상대책위원회, 마을 및 산업 공동체, 건설업협회, 상공회의소 등 각종 주민단체와 기업들이 내건 춘천~속초간 동서고속철도 추진계획 확정을 축하하는 현수막들이었다.

이 현수막들은 대부분 동서고속철도 건설계획 확정이 시민들의 노력과 의지의 결과물이라며 스스로 자축하거나 대통령의 대선공약이행이라며 대통령의 신뢰정치 구현에 감사한다는 내용들이었다. 물론 "동서고속화 철도를 통해 대륙의 꿈과 유라시아 이니셔티브를 선도해 나가

자"며 지역과 세계의 미래 비전을 제시하는 내용도 있었다.

2016년 6월 27일 고시된 "제3차 국가철도망 구축계획(2016~2025)"에는 춘천~속초간 동서고속화철도 뿐만 아니라 충주지역을 지나는 중부내륙선철도의 문경~김천 구간 및 이와 연결되는 김천~거제간 남부내륙선철도의 건설 그리고 충북선(조치원~봉양)의 고속화 개량 계획도 함께 포함되어 있었다.

사실 춘천~속초간 동서고속화철도는 지난달 예비타당성조사를 통과했지만 민자사업으로 추진되고 있다. 민간자본의 유치 상황에 따라 그만큼 빨리 추진될 수도 있지만 넘어야할 산이 많고 가야할 길도 멀뿐만 아니라 완공 후 이용에 있어 높은 요금의 문제가 철도경쟁력에 영향을 미칠 가능성이 높다.

반면에 지금 건설 중인 중부내륙선 부발~문경 구간과 충북선 고속화 개량사업은 국가재정사업으로 추진되고 있다. 그만큼 사업이 안정적으로 추진될 수 있고, 경쟁력도 확보할 수 있다. 하지만 재정사업은 정부의 재정 상황과 지역의 정치적 역량에 따라 사업추진 속도와 규모가 결정될 수 있다.

그런데 철도나 고속도로의 건설은 국가 단위에서 거시적으로 계획되고 B/C논리에 따라 추진된다. 그리고 사업의 시행은 대기업을 중심으로 이윤 최대화의 원칙 하에 건설되는 경우가 많다. 여기에 비리와 상납이 얽혀있는 건설업계의 고질적인 하청구조까지 감안한다면 지역의 상황과 요구가 고려된 철도나 고속도로의 건설을 기대하기는 어렵다.

지금 충북선 고속화 사업이 추진되고 있다. 그런데 그 예산규모가 축소되었는데도 지역사회의 반응은 없다. 결국 국가차원의 계획과 대기업 중심의 시행 속에 지역민을 위한 철도, 지역발전에 기여할 철도가 놓여질 수 있을지 궁금하다.

이미 중부내륙선 철도의 도심구간은 지하화로 결정되었다. 그런데 충북선이 지상으로 간다는 것은 중부내륙선 지하화의 의미가 상실된다. 더욱이 이미 활용도가 거의 없어진 목행, 동량 지역을 통과하는 기존의 충북선 노선을 고집한다면 이 지역의 고통을 지속시킬 뿐만 아니라 충북선 고속화의 의미는 물론 중부내륙선의 충주 북부지역 우회의 의미마저도 상실되기 때문이다.

어차피 철도가 우리 지역을 지나간다면 철도는 충주의 백년대계를 위한 초석이 되어야 한다.

지금, 중부내륙선 철도의 충주 북부 구간인 금가지역은 역이 아닌 신호장 건설이 계획되어 있고, 충북선 개량사업은 아직 지역을 위한 철도의 모습을 보이지 못하고 있다. 지역민의 관심과 정치적 역량이 어느 때보다 필요한 때이다.

속초 지역에서는 "동서고속철이 30년 쌓인 눈물을 닦아 준다"고 게시하고 있다. 철도로 인한 충주지역 주민들의 수십년 고통과 충주의 백년대계를 위한 염원은 어떻게 해결할 것인가?

2016년 8월 21일

모래알을 뭉치는 힘, 신뢰

어떤 이들은 한국인을 두고 모래알에 비유하기도 한다. 개개인은 모두 뛰어나지만 단결하지 못하고 다툼과 질시가 심하기 때문에 우리보다 부족한 사람들이 똘똘 뭉쳐서 내는 힘보다 부족하거나 이들과의 경쟁에서 패배하기 일쑤라는 조롱이다.

사실 우리사회 내에서도 우수한 집단을 두고 모래알이라고 비아냥거림이 적지 않다. 지연·학연·혈연 등 집단중심 농경사회의 전통적 특성과 함께 전체주의 시대를 겪어온 우리사회에도 서구문화의 영향 때문인지 언제부터인가 개인주의와 소집단 또는 소지역 이기주의와 같은 개별화 현상이 나타나기 시작했다.

국가나 사회를 위해 개인의 희생을 당연시 여기는 전체주의나 국수주의도 문제이지만 지나친 개별화 현상도 큰 문제라 할 수 있다. 특히 전통사회의 폐쇄적이고 권위주의적인 구조가 남아있는 조직에 개인주의나 소집단 이기주의가 만연되거나 정부조직의 구성원들이 소집단이기주의에 빠지면 조직 자체는 물론 사회적인 문제까지도 발생할 수 있다.

그렇다면 지나친 전체주의나 개별화 현상에서 벗어나 개인과 집단이 상호 공존할 수 있는 방법은 무엇일까? 그것은 동원이 아닌 구성원 스스로의 참여와 협력이고 이를 통해 조직과 사회를 새롭게 창조해 나가는 것이라 할 수 있다.

만일 모래알이 뭉치게 된다면 어떻게 될까? 진흙덩이보다 모래가 결합된 콘크리트가 더 단단한 것처럼 어쩌면 모래알을 단결시키면 천하무적이 될 수도 있다. 그런데 문제는 모래를 결합시키는 시멘트와 같은 접합제이다. 모래알을 단결시키는 접합제는 바로 서로에 대한 믿음 즉 사회적 신뢰이다.

R. D. Putnam이라는 학자는 이탈리아의 20여개 지방정부를 대상으로 정책의 성과와 지역사회의 특성을 연구한 결과, 사회적 협력과 참여를 이끌어내는 사회적 자본(social capital)으로 사회적 규범과 네트워크 그리고 신뢰를 제시하였고 이 중에서 가장 중요한 것이 바로 신뢰라고 하였다.

'칭찬은 고래를 춤추게' 하지만 신뢰는 조직을 결합시키고 활성화하여 그 힘을 배가시킨다. 지역에서 평생을 봉사활동에 바친 어떤 분이 "봉사활동도 먹을거리가 있고 놀거리가 있어야 잘 된다"라고 이야기하는 것을 들은 적이 있다. 자기희생을 기본으로 하는 봉사단체도 보람이나 사회적 인정감 등 어떠한 형태로든 자신에게 득이 되고 함께 일하는 것이 재미있어야 그 조직이 활성화될 수 있다는 뜻일 것이다.

거의 대부분의 모임이나 단체는 물론 기업과 정부의 조직마저도 투명하게 열려있는 시스템과 순환되는 인적 구조를 바탕으로 서로에 대한 믿음이 충분할 때 구성원들 스스로의 참여와 협력이 나타나고, 결국엔 조직의 활동과 목표를 성공적으로 달성할 수 있다.

그리고 신뢰는 만남과 대화를 통해서 형성된다. 지속적인 만남과 편안한 대화를 통해 서로를 이해하고 친밀감이 형성될 때 상호 신뢰가 싹트게 되는 것이다.

우리 지역의 일부 공직자들은 '회원들의 청탁'을 꺼려하여 지역사회 활동보다는 자신들만의 동문회나 동호회를 선호하기도 한다. 지방자치단체와 시민들 간의 신뢰는 그 구성원들의 다양한 만남을 통해 이루어지는 대화와 경험 속에서 신뢰가 쌓이고 그 과정에서 자연스레 정책적 이해와 순응이 이루어지고 주민참여의 동기가 발생할 수 있다.

지역사회와 지방자치단체의 구성원들이 서로 외면한다면 민원해결은 물론 시정협력과 주민참여를 기대하기는 어려울 것이다. 지역 내 수많은 문화·예술·사회단체와 각종 동호회·동문회 등이 있다. 이들 조직이 상식적 규범과 투명하게 열린 시스템을 갖추고 다양한 구성원들의 자유로운 참여와 활동을 통해 신뢰가 쌓일 때 지역사회의 사회적 자본이 축적될 것이고, 이는 시민 개인의 삶의 질 향상은 물론 지방정부의 정책 성공을 위해서도 크게 기여할 것이다.

2016년 7월 3일

변화의 조건, 통찰의 리더십

"모든 일에는 때가 있다"고 한다. 이 말은 인위적인 노력만으로는 제대로 된 변화를 이룰 수 없고, 여러 조건이 함께 무르익을 때에만 진정한 변화가 이루어진다는 뜻일 것이다.

세상의 모든 것이 항상 변화하고 있지만 모든 변화가 다 좋은 것은 아니다. 긍정적인 변화를 발전이라고 한다면 부정적 변화는 퇴보라 할 수 있다. 사람들은 언제나 변화를 추구하고 있지만 억지로 변화를 강요한다고 해서 그 결과가 항상 긍정적이지는 않다.

변화를 추구하는 강도와 속도도 중요하다. 모든 작용에는 반작용이 있듯이 변화를 추구하는 강도와 속도에 따라 역발전과 저항의 정도가 다르게 나타나기 때문이다.

그래서 예로부터 '시운'이나 '순리'를 이야기하였고, 불교에서는 윤회와 인연을 이야기해 왔다. 이는 세상의 변화가 긍정적 방향으로 순조롭게 진행되기 위해서는 자연의 순리와 도리에 따라 일이 도모되어야 하고, 환경과 상황 그리고 인간의 순수 의지의 조화 속에 일이 추진되어야하며 충분히 성숙될 때까지의 기다림이 필요하다는 의미일 것이다.

사회적 변화를 인위적·긍정적으로 추진하기 위한 노력의 일환으로 정책분야에서는 M. D. Cohen의 쓰레기통모형과 J. W. Kingdon의 정책흐름모형 등이 나타났고, 우리나라에서는 한정일의 4차원의 시·공간모형 등이 제시되었다.

복잡하고 불확실한 상황 하에서의 의사결정이나 예측 불가능한 미래를 위한 정책결정에 대해 쓰레기통모형에서는, 사회적 문제, 다양한 해결책과 참여자들, 의사결정의 기회 등이 쓰레기통에 여러 가지 물건들이 섞여 있듯 우연히 함께 모여 무작위적으로 의사결정이 이루어진다는 것이다.

이를 발전시킨 정책흐름모형은 사회적 문제의 흐름, 정책의 흐름, 정치적 흐름이 각기 진행되다가 어느 특정 시점에 이르러 이 세 가지 흐름이 교차될 때 정책의 창이 열리게 되고 정책결정이 이루어진다는 이론이다.

이에 비해 4차원의 시·공간모형은 보다 구체적이고 당위적 측면을 강조하는 상황분석이론이다. 공익과 같이 정책이 추구해야할 당위성과 가치를 1차원, 현재의 실태와 상황을 2차원, 전통이나 관습 등 단위체의 특성을 3차원으로 설정하여 사회문제를 긍정적 방향으로 해결해야 한다는 당위적 전제 하에, 정책문제와 그것이 발생한 사회적 상황 그리고 이를 해결해야할 조직 또는 단위체의 특성과 행태를 함께 고려하여, 문제와 상황을 정의하고 문제해결을 위한 정책의 방향을 제시하려는 것이다. 여기에 발전적 변화를 추구하려는 노력의 조건인 시간의 가속화 요인으로 지도자의 리더십, 집행체제의 효율성, 거버넌스의 활성화, 사회적 일체감을 제시하고 4차원으로 설정하고 있다.

세상의 변화에 대한 이러한 이론은 개인 또는 단체의 일들이나 국가 또는 지역의 정책적 차원에서도 다 같이 적용되는 듯하다. 우리 지역의 경우에도 변화와 발전을 위한 사회적 노력이 여러 차례 전개되어 왔다.

특히 혁신도시나 기업도시의 유치운동이나 중부내륙선철도 제6공구 도시구간 지하화 등이 그렇다. 이러한 일들과 관련하여 결정 이전부터 오랫동안 배경적 상황이 전개되어 왔고, 여러 사람들의 대안 제시가 있었으며, 시민들의 참여와 외침이 있었다.

결국 지역사회의 노력이 오랫동안 쌓이고 뭉쳐져서 변화를 일으켰다고 할 수 있다. 또한 지역사회의 바른 의지와 지혜가 잘 작동될 때는 긍정적 발전과 성공을 가져왔으나 의지와 지혜가 부족할 때는 부정적 결과와 실패를 초래해 온 것이라 할 수 있다.

지금 우리 지역은 정치·사회적 측면이나 국토개발의 차원에서 다양한 변화에 직면해 있다. 이는 우리에게 변화의 긍정적인 기회이자 동시에 부정적 기회가 될 수도 있다.

지역의 긍정적 발전을 지속적으로 추진하기 위해서는 시간의 가속화 요인 가운데 지역의 현실과 미래를 함께 통찰하는 지혜를 가지고 지역사회의 의지를 축적하고 상황을 조성해 나갈 수 있는 통찰과 혁신의 리더십이 가장 절실하다.

21세기 민선지방자치단체장의 리더십과 자질

1995년, 처음 민선지방자치단체장이 선출될 당시에는 보통 시민출신이 지방자치단체장에 당선되면 행정에 대한 지식과 경험이 부족하여 행정적 실수나 정책실패를 저지를까하는 우려도 있었고, 행정을 잘 모르는 자치단체장에 대한 공무원들의 무시, 저항 또는 복지부동에 대한 기우도 있었다. 그런데 충주시의 경우는 전직 시장이 민선시장으로 선출되어 그러한 걱정을 한순간에 불식시켰다.

그 후 충주에서는 짧은 기간 동안만 정당관료 출신이 자치단체장이었을 뿐 나머지는 모두 행정관료 출신이었고 지금은 경찰관료 출신이다. 공직사회를 잘 아는 관료출신이 민선자치단체장이 될 경우 처음에 우려했던 요인들을 일소하고, 시민출신 자치단체장이 겪을 수 있는 공직 적응기간(?)이 최소화될 수 있으므로 지역발전이 상대적으로 빠를 것으로 기대했었다.

그런데 충주는 시민출신 지방자치단체장을 경험한 인근 도시들보다 앞서 발전하지 못했고 앞으로도 낙후될 것이라는 우려가 점차 팽배해져가는 것 같다. 그 원인 가운데 하나로 관료출신 자치단체장의 경직성과 한계 등을 지적하는 견해도 많다.

그렇다면, 치열한 경쟁과 갈등 속의 21C 지방자치시대, 특히 충주와 같이 지역발전에 대한 요구가 높은 지역의 자치단체장이 갖추어야할 리더십과 자질은 무엇일까?

우선, 변화와 혁신의 변혁적 리더십(transformational leadership)과 주어진 자원과 기회를 효과적으로 조화시키는 상황적응적 리더십(contingency leadership) 그리고 시민과 함께하는 참여적 리더십이 제시될 수 있다.

그리고 이를 발휘하기 위해서는 창의성과 사고의 개방성(openness)·유연성(flexibility), 저항과 책임을 두려워하지 않는 추진력과 불굴의 도전정신, 자치행정에 대한 지식과 경험, 지역사회에 대한 학습과 지식, 시민들과의 오랜 스킨십에서 우러난 공감대와 그 형성능력, 통합과 화합을 위한 조정능력, 그리고 광역 및 중앙정부와의 관계 등에서 필요한 정치적 역량과 폭넓은 인맥 등이 요구된다고 할 수 있다.

그런데 지방자치단체장이 관료출신이건 시민출신이건 세상에 완벽한 사람은 없다. 그리고 충주는 하나의 사회체계(social system)이다. 이는 다양한 구성요소들 간의 자율과 통합이 조화되는 가운데 살아 움직이는 유기체와 같다. 이들의 움직임이 순방향으로 모여질 때 발전이 이루어지고, 역방향으로 모이거나 흩어지면 발전이 역행하거나 상대적 낙후의 길을 걸을 수밖에 없다.

따라서 지방자치단체장은 지역사회의 다양한 갈등과 분열을 통합·조정해야 하고, 시민과 집단의 요구와 의지를 수용·결집시켜야 하며, 침체와 좌절을 극복하도록 활기를 불어넣어야 한다. 그래서 지역발전을 위한 진정한 순방향으로 모두가 서슴없고 거침없이 달려가도록 이끌어야 한다.

지역 내에서도 다양한 갈등과 행정수요가 쏟아지고 전국에서는 각 지방자치단체들 간의 치열한 무한경쟁이 벌어지고 있는 가운데 지방자치단체장의 노력이 아무리 쉼 없이 전개되더라도 혼자만의 전지전능함(?)으로 지역발전을 이룩하기는 어렵다.

자치단체장의 자치경험과 행정능력은 행정부시장을 중심으로 하는 자치단체 공무원들의 추종대응성(followership)으로 보완해야 하고, 지역사회에 대한 정보와 지식은 지역 내 오피니언 리더들과 함께 나누어야 하며, 시민들과의 공감대는 상시적 대화와 스킨십을 통해 형성해야 한다. 그리고 지역발전에 대한 창의적 아이디어는 지역 내외의 지식인들과 함께 창출할 수 있고, 정치적 역량은 출향인사들의 애향심과 협력을 독려함으로써 어느 정도 가능하다.

그러나 개방적이고 유연한 사고, 화합과 조정을 위한 보다 넓은 마음과 인고의 자세 그리고 불굴의 추진력과 도전정신은 스스로 반성하고 다짐하는 일상의 노력 속에서만 갖추어질 수 있다.

아울러 지역발전에 대한 확신과 열정 그리고 서로에 대한 신뢰를 시민들과 함께 끊임없이 쌓아 나가야 한다.

2015년 12월 7일

중원문화의 중흥을 위해 CEO형 리더십이 필요하다

오랫동안 많은 사람들이 충주의 미래나 발전과 관련하여 문화관광을 이야기해 왔고, 그 배경으로 충주가 중원문화의 본고장이자 한반도의 중심도시라는 것을 제시해 왔다.

그런데 전국의 어느 도시를 가 보아도 문화관광을 이야기하지 않는 도시가 드물고, 나름대로 자기만의 특징과 장점을 자랑하고 있다. 이는 문화관광을 통한 지역의 발전이나 미래를 창조하는 것도 전국 또는 세계의 많은 도시들과 치열한 경쟁을 치뤄야함을 의미한다.

지금 전국적으로 관광객이 많이 찾는다는 지역은 당연히 자연환경이 빼어나거나 특별한 역사와 문화적 특성을 배경으로 한다. 크게 성공했다는 함평의 나비축제나 대천의 머드축제도 함평벌판에 나비가 없거나 대천에 넓은 해수욕장과 진흙이 없다면 성공하기 어려웠을 것이다.

그런데 충주지역의 자연과 문화가 다른 어느 지역에도 뒤처지지는 않지만 그렇다고 충주에 강원도의 설악산과 동해와 같이 빼어난 경관이 있는 것도 아니고, 경주와 같이 고유한 문화재가 많은 것도 아니다. 또한 용인이나 홍천과 같이 놀이시설이나 휴양시설이 있어서 수도권 인구가 즐겨 찾는 지역도 아니다.

사실 충주지역의 발전이 더디고, 관광인구의 유입이 쉽지 않은 이유는 특별히 큰 기업이나 특성있는 산업이 발전하지도 않았고, 휴양 또는 오락 시설이나 기관 등 랜드마크가 될 만한 것이 없기 때문이기도 하지만, 중원문화 자체가 강한 특징을 갖지 않는 한반도의 보편적 문화이기 때문이기도 하다.

중원문화권은 한반도의 남방문화와 북방문화가 혼재되어 있는 것을 특징으로 한다. 이는 중원문화가 오랫동안 한반도 각지의 다양한 문화들이 몰려들어와 혼재되고 융합되어 재창조된 '중심문화'라는 근거이다.

중국이 중화(中華)라 하여 스스로 세계의 중심에 있는 문화임을 내세우고 있다. 하지만 중국의 역사를 보면 수많은 이민족의 침략과 지배를 겪어왔다. 이렇듯 '중심'이라는 지정학적 위치는 나의 힘이 강할 때는 세계만방으로 뻗어나갈 수 있지만, 나의 힘이 약할 때는 사방에서 침략을 당할 위치에 있음을 의미한다.

이처럼 중원문화는 한반도의 중심에서 형성된 문화이기 때문에 독특한 역사적·문화적 특성은 없지만, 쉽사리 다른 문화와 융합할 수 있고, 새로운 선진문화를 창조하여 다른 지역에 저항없이 전파할 수 있는 잠재력이 내재된 문화이다.

지금 전국의 문화관광의 경쟁은 새로운 테마의 발굴과 스토리텔링을 통해 새로운 문화를 형성해 나갈 것을 재촉하고 있다. 삼척과 정선의 레일바이크나 봉화의 은어축제와 같이 버려진 시설을 활용하거나 부족한 자원을 재창조해서라도 관광 활성화에 나서고 있다.

특별한 산업이나 기업이 없고, 수도권 상수원인 수자원의 보호 그리고 제조업을 비롯한 산업생산구조의 세계화라는 자연적·지리적·경제적 환경의 제약을 가진 충주지역의 발전은 우선 문화·관광·예술·스포츠의 활성화와 중원문화의 재창조 그리고 이를 통한 유동인구의 확보와 경제활성화를 기대하는 수밖에 없다.

치열한 유치경쟁시대에서 문화관광 분야의 승리는 결국 누가 더 문화관광요소의 특성을 창출하고 연출해내느냐 하는 것이며, 누가 더 많은 이벤트와 대규모 행사를 유치하고 많은 사람들을 끌어들이느냐하는 것에 달려있다.

충주가 한반도의 중심에 있다고 해서 그냥 사람들이 찾아오는 것이 아니다. 더욱이 사통팔달의 도로망을 통해 그냥 지나쳐가거나 도시의 외곽에서만 머물다가 돌아가서는 지역경제에 큰 도움이 되지 못한다.

충주지역 깊숙이, 지역민의 생활 속으로 찾아오도록 해야 한다. 그러기 위해서는 축제 하나라도 도심 속에서 또는 마을 주민과 함께 진정으로 어우러지는 축제로 개최되어야 하고, 이 과정에서 모두가 좋아할 수 있는 새로운 중원문화로 재창조되도록 해야 한다.

이러한 문화와 관광의 성공은 곧 중원문화의 중흥과 충주의 발전을 의미한다. 따라서 중원문화의 창달과 충주의 미래를 위해서는 무엇보다 지역사회를 이끌 CEO형 리더십이 필요하다.

주인과 대리인

해마다 연말연시면 각급 정부와 기관, 단체, 기업 등에서 공무원과 직원들의 승진과 전보 등 많은 인사이동이 있다. 인사에 대해 사람들은 "인사가 만사"라거나 "일은 사람과 돈이 하는 것"이라며 인사의 중요성을 강조하기도 한다.

또한 인사는 "잘 해도 절반, 못 해도 절반"이라고도 한다. 인사결과가 대상자 자신에게 유리하면 "잘했다"하고, 불리하면 "잘못한 인사"라고 불평하기 때문이다. 선출직 인사권자와의 관계에 대해 '선거에서의 충성'과 '일로써 충성'을 비교하기도 하고, 지역연고, 학연, 혈연 등 정실적 요소가 미치는 영향에 대해 여러 가지 말이 떠돌기도 한다.

이러한 인사의 다양한 측면 가운데 '선거'와 '인사'의 관계가 주요 관심사항이 되기도 한다. 심지어 "재선을 위한 전진배치"라는 말이 나오기도 하고, "현직에의 충성"이라며 정치적 중립을 강조하기도 한다.

이렇듯 인사권자와 공무원의 관계는 중요한 요소임에 틀림없다. 현실적으로도 공무원은 인사권자의 눈치를 보지 않을 수 없을 것이다.

그런데 인사권자와 공무원의 관계와 권한에 대해 설명하는 이론 가운데 주인-대리인론이 있다.

일정 공간에서 함께 삶을 영위하면서 하나의 공동체를 이루는 사람들은 자신들의 공동생활을 위해서 필요한 일들을 효율적으로 처리하기 위해 '공무를 맡을 자'를 선출하고 이들에게 공동의 일을 맡긴다. 이렇게 선출된 공직자는 자신이 혼자서 그 공무를 다 처리할 수 없기 때문에 자신을 도와 일할 사람들을 선정한다.

즉, 권한의 본래 주인인 국민들이 자신들의 일을 대신 해 줄 선출직 공직자를 뽑고, 이 선출직 공직자가 다시 자신과 함께 일할 공무원을 정한다는 것이다. 이것을 민법상의 본인-대리인-복대리인의 관계를 원용하여 설명하면, 권리의 주인인 국민(본인)-선출직 공직자(대리인)-일반 공무원(복대리인)의 관계가 된다.

그렇다면 본인과 복대리인의 관계에서 복대리인은 본인의 대리인인가? 대리인의 대리인인가? 이 질문에 대해 민법에서도 본인의 대리인이라는 것이 정설이다. 이와 마찬가지로 일반 공무원은 선출직 공직자의 대리인이 아니라 국민의 대리인이다.

대한민국 헌법에서도 제1조 제2항에 "대한민국의 주권은 국민에게 있고, 모든 권력은 국민으로부터 나온다"고 규정되어 있다. 모든 권한과 권리 그리고 그것을 집행하는 힘은 국민에게서 비롯된 것이며, 선출직 공직자와 그에 의해 선정된 공무원은 모두 국민의 대리인으로서 모든 공적 행위를 국민을 위해서만 수행해야 한다. 그래서 공무원을 공복(公僕, public servant)이라 하고, 공무원윤리헌장에도 "국민에 대한 정직과 봉사"를 규정하고 있다.

이렇듯 선출직 공직자는 물론 일반 공무원들은 인사권자가 아닌 시민을 위해 일해야 한다. 그런데 주인과 대리인 사이에 전문성과 정보의 불균형으로 인해 실질적 영향력의 차이가 발생한다. 이로 인해 인사권과 예산권의 원소유자가 바로 시민이라는 사실을 망각하거나 시민보다 현실적 영향력이 큰 대리인에게 충성하는 경우가 종종 발생한다. 대리인이 본래 주인을 위한 일보다 자신의 재선이나 측근의 이익을 위한 일에 더 몰두하기도 하고, 일반 공무원이 선거기간에 유력한 후보에게 잘 보여 후일을 기대하기도 한다.

심지어 어떤 공무원은 윤흥길의 소설 '완장'의 주인공이 되기도 하고, 자신의 천부적 권력처럼 생각하기도 한다. 주민은 자신의 권력을 빌려주고 그것을 집행할 돈까지 마련하여 주고는 오히려 자신이 일을 시킨 사람들에게 머리를 조아리거나 구박을 받는 경우도 있다.

선출직의 당선이 반복되고, 관료조직이 비대해지거나 폐쇄성이 높아질수록 이러한 망각과 권위주의적 현상은 심화된다. 관료주의와 권위주의는 민주주의는 물론 진정한 지방자치의 구현을 위해서 탈피해야할 우선적 과제이다.

그리고 인사에 대한 공정성을 시비하기 전에 자신이 진정한 권력의 주인에게 얼마나 충성을 하였는지 생각해 볼 필요가 있다. 또한 주인에 대한 진정한 봉사를 위해 공무원 인사에 시민의 평가를 포함하는 제도가 마련되어야 한다.

2016년 1월 17일

개 · 돼지와 기생충의 거버넌스

어느 교육부 정책기획관이 "민중은 개 · 돼지"라고 말해 물의를 일으켰다. 이를 두고 엘리트주의에 매몰된 천민민주주의 또는 관료사회의 오만함과 선민의식의 표출이라는 비판이 쏟아지고 있으며, 심지어 "그가 평소 민중을 개·돼지로 여겼다기 보다 민중을 개·돼지로 여겨도 되는 사람이 되고 싶어 한 게 아닌가?"하는 의구심까지 제기되고 있다.

한편 소설가 한 분이 "국민이 개 · 돼지라면 그 개 · 돼지들이 낸 세금으로 살아온 그는 기생충이나 진딧물"이라고 대응하였다.

이 두 사람의 말을 새겨보면, '개 · 돼지'라는 말은 정당하지 않은 욕심을 내세우거나 은혜와 고통을 쉽게 망각하는 무지몽매한 존재를, 그리고 '기생충'은 이들에게 달라붙어 살면서 그들을 깨우치기 보다는 몽매함을 지속시키며 자신들의 생존과 영화를 추구하려는 존재라는 의미를 암시하는 말로 보인다.

그런데 이번 국회가 여소야대로 시작되면서 대통령이 국회 개원 연설에서 소통과 협치를 강조하였고, 이후 '협치'라는 용어가 많이 사용되고 있다. 여기에서 '협치'는 당 · 정 · 청 및 야당과의 대화와 타협 내지 협력을 지향하는 통치를 의미하는 것으로 해석되지만, 본래 '협치'라는 용어는 거버넌스(governance)라는 단어에 대한 일본 학계의 번역이기도 하다.

협치가 의미하는 거버넌스는 국가중심 통치체제의 비효율성을 극복하기 위해 다양한 이해관계자가 정책의 형성에서부터 집행과 평가, 환류에 이르는 모든 과정을 함께 하면서 민주성과 효율성을 동시에 추구하려는 새로운 통치형태이다.

거버넌스는 정책네트워크(policy network)와 공생산(co-work)을 대표적 형태로 한다. 따라서 민 · 관의 협력이 가장 중요하다. 때문에 거버넌스는 상호 신뢰를 기반으로 해야 한다. 서로를 개 · 돼지나 기생충으로 인식해서는 거버넌스는커녕 협력지향통치(?)마저도 불가능하다.

한국의 관료문화는 조선시대 양반과 사대부를 중심으로 한 전통 관료사회, 일제 헌병과 경찰 통치 그리고 군사정권을 겪어오면서 형성되었고, 이 과정에서 관료들은 언제나 권력의 측근, 기반 또는 수족으로 존재해 왔다.

더욱이 정권의 정통성 또는 정당성이 부족하거나 독재성향이 강할수록 정부의 부패는 더 심각하였다. 정당하지 못한 권력을 뒷받침하는 이들의 부패를 척결하기는 쉽지 않았을 것이고, 부패를 척결하는 역할도 결국 이들 스스로가 해야 하기 때문이었을 것이다.

그래서인지 문민정부 초기의 공무원 사정과 부패척결은 복지부동이라는 관료집단의 저항적 행태를 초래하였고 끝내 문민정부 실패의 한 원인이 되었다.

20세기 말부터 거버넌스로의 전환이 강조되어왔다. 이는 국가관료 중심 통치의 문제점에서 빚어진 거대정부와 경직된 시스템, 이로 인한 비효율성을 간직한 채 21세기 무한경쟁에서 살아남을 수 없기 때문이었다.

그렇다면 누가 우리를 거버넌스 체제로 이끌 것인가?

우리의 시민사회는 아직 성숙되지 못하여 공익보다는 눈앞의 사익을 우선시하는 이들이 더 많고, 사회적 역할과 책임을 감당할 집단의 형성도 부족하다. 결국 거버넌스 체제의 구축은 물론 그 토대인 시민사회와 사회적 자본의 형성마저도 공직사회가 앞서 진행해야 할 몫이 되고 있다. 어쨌든 아직까지 공적 역할과 사회적 책임을 감당해야 할 집단이 공무원이고 그것이 국민이 그들을 고용한 이유이기 때문이다.

따라서 공무원은 스스로 자신들의 권위를 벗고, 선민의식에서 벗어나 진정한 공복의 자세로 돌아와야 한다. 그렇게 할 때만이 한 때 국가발전의 걸림돌이라던 오명을 벗고, 산업화시대 경제건설의 주역이었던 것 보다 더 바람직하고 보람된 위상을 세울 수 있을 것이다.

공무원, 칭찬받기 어렵다

몇 해 전 여름 장마철, 공무원인 어떤 친구가 수해예상지역을 점검하다가 논길에 미끄러져 차가 전복된 일이 있었다. 근무시간도 아닌 토요일 오후 누가 시키지도 않은 일(?)을 해서인지 차량 수리비를 보상받을 수도, 다친 몸을 쉴 시간도 얻을 수 없었다. 때문인지 그 친구는 이 사실을 아무에게도 알리지 않았던 것 같다. 다만, 사건 당시 우연히 통화를 했던 필자만이 알고 있었다.

사실, 공무원은 잘해도 칭찬받기 어렵다. 보편적으로 공무원이 최선을 다해 봐야 티가 잘 나지 않기 때문이다. 공무원이 규정을 잘 지키고 직무를 잘 수행한 상태가 바로 아무런 사고 없이 평온한 상태이다. 정상적이고 평온한 상태를 사는 보통사람들은 그것을 만들기 얼마나 어려운지 알지 못한다. 평소에 우리가 전방을 지키는 군인들의 노고나 우리가 마시는 공기의 고마움을 모르고 사는 것과 같은 이유이다.

중국의 요순시대에는 태평성대를 칭송했다고 하지만, 현대 사회에서는 사고가 터지면 욕먹을 뿐 특별한 경우가 아니면 칭찬받기 어렵다. 지방자치시대 생활행정에서는 더욱 그렇다. 그렇다보니 공무원들에게는 편하고, 일 적게 하고, 사고 안 나는 자리가 최고의 인기 보직이다. 거기다가 승진도 잘되는 자리면 금상첨화다. 오히려 일을 벌이면 핀잔을 듣고 열심히 하면 질시를 받기도 한다. "같은 월급 받고 왜 더 고생을 하는가? 정년까지 무사히 가는 것이 유일한 목적"이라는 이들도 있다. 일은 적게 하고 승진을 위한 노력(?)에만 몰두하는 이들도 있다. 심지어 독립유공자선양사업관련 민원을 '다음 시장선거 때 선거공약으로 만들어서 그 분이 당선되면 해보라'며 처리를 거부한 사례도 있었다.

정부의 몸통은 공무원 집단이다. 그래서 공직사회에 무사안일과 복지부동의 행태가 만연되면 정부가 제 역할을 하기 어렵다. 특히 충주시와 같이 주민들이 지역발전에 관한 관심이 높고 그와 관련된 행정수요도 많은 지역일수록 이를 처리해야 할 공무원들의 긍정적 · 적극적 자세가 요구된다. 그런데 충주시 공무원들에게서 적극적인 행태를 발견했다는 이는 드물다. 지난 10년간 5번이나 자치단체장이 바뀌고 그에 따라 정책과 공약사업이 번복되었기 때문에 공무원들의 의욕이 좌절되거나 불안감이 부정적 · 소극적 태도를 초래했을 수도 있다. 그러나 지금은 인근지역의 발전 속도와 여건에 비해 우리 지역의 낙후와 불리함을 우려하는 공무원들도 많다.

지금 충주는 동서고속도로가 개통되고 중부내륙선 철도도 건설되고 있다. 길이 열린다고 해서 그냥 발전이 되는 것은 아니다. 길은 양면성을 갖는다. 제대로 활용하는 자에게는 발전을, 방만한 자에게는 상실과 낙후의 기회를 제공한다. 그래서 지금은 매우 중요한 시기이다. 지금 낙후되면 다시 회복할 기회조차 없을 수도 있다. 따라서 공무원의 긍정적 · 적극적 자세와 노력이 어느 때 보다 필요하다.

'칭찬은 고래도 춤추게 한다'고 한다. 칭찬과 격려 속에서 긍정적 사고와 적극적 행동이 발휘된다. 정부 3.0시대, 시민과 공무원의 협력만이 지역을 발전시키고 주민의 행복지수를 높일 수 있다. 이제 충주100년 대계를 위한 공무원들의 적극적 노력에 칭찬과 격려를 보내야 한다. 공무원들도 항상 '오른손이 하는 일을 왼손이 모르게 하라'는 말씀과 같이 누군가가 알아주기를 바라기 보다는 스스로 보람을 느끼며 시민을 위해 최선을 다해야 한다. 시민과 공무원은 남이 아니고 이웃이거나 스스로이기 때문이다. 그리고 공무원의 인사에 '시민평가'를 포함하는 것도 좋은 방안이 될 수 있다.

2015년 11월 22일

천재(天災)를 키우는 인재(人災)

최근 부산, 울산 등지에서 가스냄새가 난다는 등 지진에 대한 우려가 확산되고 있다. 만일 일본과 같은 지진이 우리에게 발생하면, 일본보다 피해가 더 클지도 모른다는 생각에서 두려움도 더 큰 것 같다. 이는 우리의 많은 건물과 시설물들이 내진설계에 따라 충실히 시공되었다고 믿어지지 않기 때문이기도 하다.

이와 같이 우리 사회의 안전에 대한 총체적 불신이 이미 여러 분야에서 나타나고 있지만 유독 원자력에 대한 우려와 두려움이 큰 것은 원자력이 다시는 회복하기 어려운 피해를 초래할 수 있는 가장 위험한 에너지이기 때문이다. 특히 원자력에서 발생하는 방사능 물질은 인류가 만든 가장 강력하고 잔인한 독극물이며, 반감기가 수십년이 넘는 치명적인 물질이다.

부산지역의 지진에 대한 우려가 더 크게 느껴지는 것도 인근에 원자력발전소들이 모여 있기 때문이다. 지진으로 인한 원자력발전소 사고는 2011년 3월 일본의 후쿠시마 원자력발전소 폭발사고가 대표적이다.

이 사고에서 지진과 해일이 원자력발전소에 입힌 타격보다 피해를 더 키운 것은 인재(人災)라고 한다.

우리의 위험예방과 위기관리 시스템이 일본의 그것보다 우수해서 천재(天災)를 예방하거나 인재를 방지한다는 보장도 없다.

지금까지도 심각한 해양오염을 일으키고 있는 후쿠시마 원자력발전소는 지진발생 직후 미국 등의 협력과 즉각적인 조치를 통해 노심용융의 상태에 이르지 않고 원자로를 폐쇄할 수 있는 기회가 있었다. 그러나 원자로 폐쇄에 따른 경제적 손실을 회피하려는 도쿄전력의 원자로 폐쇄 반대, 일본정부의 소극적 대처, 일본 수상의 결단력 부족 등이 초기 대응의 기회를 놓치게 만들었고, 사태는 이미 돌이킬 수 없을 정도로 확대되고 말았다.

일본의 경우 스스로 '원자력 마피아'라고 부르는 일종의 이익공동체 집단이 형성되어 있다. 원자력 분야는 소수 대학 출신들만의 세계인데다가 관련 공무원들의 퇴직 후 일자리, 정치헌금, 광고료, 연구비 등 막대한 자금과 특혜로 맺어진 전력회사, 원자력 전문가, 공무원, 언론, 정치인, 노동조합 등의 오랜 유착관계가 존재해 왔다.

깊은 관경유착의 관행에 물든 정부 관료들이 도쿄전력의 피해를 무시하지 못하였고, 관료 불신과 독선으로 지적받던 간 나오토 일본 수상이 초기에 적극적인 대응을 지시하였지만, 결단력과 리더십의 부족으로 인해 일사불란한 집행이 이루어지지 않았던 것으로 보인다.

이러한 일본의 관경유착 또는 정경유착 악습과 관행이 우리에게는 없다고 할 수 없다. 또한 일본의 지진과 같은 천재지변이나 사고가 발생하지 않는다는 보장도 없다.

최근 원자로의 피뢰침 접지선이 도난을 당했으나 여러 해 동안 발견조차 하지 못했다는 사실이 밝혀졌다. 만약 접지선이 없는 피뢰침에 번개가 떨어졌다면 원자로에 화재나 설비장애가 발생하고 이것이 대형사고로 이어질 수도 있었다.

또한 2012년에는 정전과 비상발전기 고장으로 인해 원자로 냉각시설의 전원이 모두 차단된 상태(black out)를 방치하여 자칫 후쿠시마 원자력발전소 사고처럼 원자로 노심용융(melt down)의 사고가 발생할 뻔한 사건도 있었다. 더구나 관련자들이 이를 제대로 보고하지 않고 은폐하려 했던 사실까지 밝혀졌다.

원자력은 가장 경제적인 에너지라고 하지만 가장 치명적인 위험과 독소를 방출한다. 원자력 분야가 안보 또는 산업보안과 안전 등을 위해 폐쇄적 구조를 가질 수밖에 없다고 하더라도 인류의 안녕을 위한 사고 예방과 초기 대응은 불필요할 정도로 철저하고 즉각적·적극적으로 이루어져야 한다. 이러한 위기관리는 가능한 한 공개적이고 투명한 행정 커뮤니케이션 구조와 참여를 통한 국민의 신뢰를 바탕으로, 신속하고 결단력 있는 리더십과 민첩하고 철저한 집행체계 하에서만 가능하다.

비록 우리 지역이 원자력발전소에서 멀리 있다 하더라도 천재와 인재에 대한 위험은 언제 어디에나 있다. 사고예방과 대응을 위해 이러한 리더십과 위기관리시스템의 정비와 훈련이 항상 요구된다.

공직사회, 일과 삶

정부는 '자기주도 근무시간제'를 초과근무가 꼭 필요한 일부 부서를 제외한 43개 모든 부처에 확대 실시하고 있다. 최근 3년간 부처별 평균 초과근무시간을 기준으로 초과근무총량을 정하고, 부서장이 이 총량 내에서 직원들의 초과근무를 승인하는 제도이다.

정부는 이 제도가 불필요한 초과근무를 없애고 정규근무시간의 집중도와 효율성을 높이며 불필요한 예산의 지출도 방지할 수 있을 것으로 기대하고 있지만, 일부에서는 공직업무의 특성상 야근을 할 수밖에 없는 현실을 무시한 조치라며 반발하고 있다.

사실 그동안 시간외 근무수당 또는 야근수당은 지속적으로 문제시되어 왔다. 국가청렴위원회가 출장비부당수령 문제와 함께 대표적인 도덕적 해이로 지적한 적도 있었고, 불법적으로 야근수당을 받아 문제시된 경우도 많았다. 심지어 지난해에는 야근수당을 타기 위해 실리콘으로 지문을 복제한 가짜 손가락을 만들어 후배 직원에게 퇴근입력을 시킨 사건이 발생했다. 몇 년 전에는 야근수당이 "공무원을 시작하면서 자신도 모르게 물들어가게 되는 관행 중 하나"라는 어느 공무원 출신의 고백이 보도되기도 했다.

2007년 전국공무원노동조합 경기도청지부가 '야근사유'를 조사한 결과, '상관의 눈치 때문'이 35%였고, '시간외 수당을 타기위해'서가 26%였다. 또한 정시퇴근을 위해 개선해야할 과제도 '시간외 수당제도'가 42%로 가장 높았다. 정부가 지난 2년간 13개 정부부처에 '자기주도 근무시간제'를 시범 실시한 결과도 공무원 1인당 평균초과근무가 7.4% 감소했고, 71.3%의 공무원들이 만족한다고 응답한 것으로 조사되었다.

사실 불가피하게 야근을 해야 할 때도 있다. 각종 회의와 출장, 갑작스런 민원이나 상황 발생 등으로 인해 정규근무시간을 소모하게 될 경우, 담당업무를 근무시간 내에 다 마치기 어려워 어쩔 수 없이 초과근무를 해야 하는 경우가 많은 것도 사실이다.

더욱이 과거에는 상관이 퇴근하기 전에 먼저 퇴근한다는 것은 상상할 수도 없었다고 한다. 아직도 일부에서는 이러한 공직문화가 남아있어 상관보다 먼저 퇴근인사를 할 용기를 내기 어려울 수도 있다.

그러나 시간외 수당을 받기 위해 서류를 조작하거나 습관적 야근으로 정규근무시간을 나태하게 보내는 것은 엄연한 근무태만이요. 그러한 부당 이익을 의도했다면 당연히 부패의 시작이다.

이제는 정부의 규제와 금지에 의해서라기보다는 자신의 삶의 질을 향상시키기 위해 또는 가족과 함께할 시간을 확보하기 위해 정규근무시간을 보다 집중적으로 활용할 수 있어야 한다.

과거에는 남자들은 밖의 일에 몰두하여 집에서 죽이 끓는지 밥이 끓는지 모르는 것이 당연한 것으로 여겨지기도 했다. 그러나 이제는 시대가 바뀌어 일에만 매달리기 보다는 자기개발에 열중하거나 가정에 충실한 생활이 더 바람직한 것으로 여겨지기 시작하고 있다.

우리는 세계적으로 많이 일하는 나라이지만 노동생산성은 낮은 편이다. 2014년 기준 한국인의 연간근로시간은 2,124시간으로 OECD평균에 비해 350시간이 많은 반면, 노동생산성은 2013년 기준 29.9달러(구매력 평가지수 적용)로 OECD 34개국 중 25위이다. OECD 평균은 40.5달러이다.

일제의 헌병과 경찰통치 그리고 강력한 권위주의적 중앙집권시대를 거치면서 형성된 우리의 관료문화에는 반드시 제거해야 할 부정적 측면이 남아있음이 주지의 사실이다. 더구나 지금은 현대문화와 생활방식 속에 성장한 젊은이들이 공직사회로 진입하고 있다.

21세기 대한민국의 국격에 걸맞은 선진 공직사회로 발전하기 위해 그리고 자신과 가족의 미래를 위한 시간을 위해 정부의 강제보다는 공무원 스스로 바뀌어야 한다.

2016년 5월 23일

공무원, 받은 만큼 일하는가?

얼마 전 공무원의 세전 평균 연봉이 6천만원에 이른다는 뉴스에 많은 시민들이 놀랐다. 이는 정부가 2016년 전체 공무원의 기준소득월액 평균을 491만원으로 관보에 고시한데서 비롯되었다. 이는 지난 1년간 공무원 100만명 모두의 총소득평균을 12로 나눈 값이다. 따라서 연봉 1억6천만원의 국무총리에서부터 200만원 받는 말단 공무원까지 모두 포함된 평균이다. 때문에 고위직 공무원을 제외한 일반 공무원들에게는 비현실적인 이야기로 들릴 수도 있다.

이에 대해 2년 전 자료를 제시하면서 월소득 450만원이 넘는 공무원들이 40%가 못 된다는 주장도 있었다. 그런데 2013년의 평균 기준소득월액은 435만원이었으나 지금은 491만원으로 올랐다. 따라서 지금은 매월 450만원을 넘게 받는 공무원들이 더 많다고 볼 수 있다. 아무튼 외벌이하면서도 서울 강남에서 십억대가 넘는 아파트에 살거나 일년에 수천만원 이상 써야하는 해외유학 비용을 감당하는 공무원들을 보면 틀림없이 '돈 잘 버는 공무원'들이 있기는 한 것 같다.

이렇듯 평균연봉이 높다는 공무원들의 보수만족도는 의외로 높지 않았다. 한국행정연구원이 중앙과 지방공무원 2,000명을 대상으로 조사한 바에 따르면, 보수수준과 후생복지제도가 민간기업(대기업)에 비해 만족할 수 없다는 응답이 각각 52.9%와 60.3%였으며, 직장을 바꾸려는 이직의도 중 26.3%가 낮은 보수 때문이라고 응답하였다.

이렇듯 보수가 낮다는 인식 때문인지 아니면 실제로 급여만으로는 살기 어려워서인지 모르겠지만, 겸직금지의무를 어겨가며 부업 또는 겸업을 하거나 비리·부패 등을 저지르는 공무원들도 있다. 높은 주거비용과 자녀 교육비 등 생활고 때문에 세탁소 아르바이트나 야간 대리운전 등을 하는 경우 어느 정도 동정이 가기도 한다. 하지만, 주유소, 모텔, 휘트니스클럽 등을 운영하거나 심지어 외국인 여성을 고용해 성매매업소를 운영하여 사회문제를 일으킨 경우도 있었다.

또한 공무원의 수입의 문제는 부정부패로 이어지기도 하였다. 몇 년 전 공문서를 위조하여 물품 구매대금 6,300만원을 빼돌려 생활비로 썼다는 사건도 있었고, 얼마 전에는 탈세하는 방법을 알려주고 3억원을 받은 사건도 있었다. 특히 충청북도의 경우 뇌물을 받고 혈세를 빼돌린 공무원들에 대한 징계부가금 37억원이 미납상태이다. 공사비와 물품구입비 9억8천만원을 횡령하였거나 건물매입과정에서 6억6천만원의 뇌물을 받은 자 등이 본인명의의 재산이 한푼도 없다는 이유로 납부하지 않고 있기 때문이다.

이러한 공무원들의 급여에 대한 불만은 대부분 '박봉'이 이유이다. 실제로 민간부문 근로자들에 비해 공무원들의 급여 수준은 2005년 기준 83%정도이다. 그런데 공무원들보다 훨씬 더 많이 받는 대기업 직원들도 많지만, 훨씬 덜 받는 중소기업 직원들은 훨씬 더 많다. 많은 공무원들이 연봉 6천만원을 받지 못하는 것과 같이 훨씬 더 많은 근로자들이 공무원들보다 열악한 보수와 환경 속에서 일하고 있다.

이번 강풍에 피해를 입은 농가의 복구활동에 구슬땀을 흘리는 공무원들이 있다고 한다. 정직하게 열심히 일하는 공무원들에게 충분한 보수를 준다는 데 이의를 제기할 시민들은 없을 것이다. 문제는 공무원의 무사안일한 근무태도나 잘못된 관료문화의 잔재이다. 69세 여자 민원인이 계속 붙잡는다며 팔을 비틀고 넘어뜨려 다치게 한 공무원이나 세월호 참사로 희생된 단원고 학생 92명에게 징병검사 안내문을 발송한 사례는 관존민비와 무사안일한 행태의 표본이라 할 수 있다.

보수는 자신의 노동과 가치 투자에 대한 사회적 대가이다. 때문에 사회적 상황과 위치가 고려되어야 한다. 사회적 의무와 고통의 분담은 물론 노동의 질과 수준, 강도와 위험성을 함께 고려할 때, 과연 받은 만큼 일하고 있는가? 스스로 돌이켜 보아야 한다.

2016년 5월 16일

지방자치단체에도 전문분야의 역량과 비전을 보완해야 한다

1950년 9월 15일 우리 민족의 최대 비극인 6.25 전쟁의 승패를 가름하는 인천상륙작전이 있었다. 인천상륙작전은 영화로 만들어지는 등 66년이 지난 지금까지 크게 인식되고 있지만, 같은 날 인천상륙작전의 성공을 위한 양동작전으로 장사상륙작전이 있었다는 역사적 사실을 알고 있는 사람들은 많지 않다.

장사상륙작전은 경북 영덕군 장사리에서 시도된 상륙작전으로 학도병 772명이 문산호를 타고 장사에 상륙하여 국도 제7호선을 봉쇄하고 조선인민군의 보급로를 차단하는 데는 성공하였지만, 타고 간 문산호가 침몰하고 준비된 무기와 식량이 부족해진 상태에서 고립되어, 참전한 학도병들의 대부분이 전사한 가슴 아픈 역사이다.

2014년 장사상륙작전을 기념하기 위해 영덕군에서는 300억원을 투자하여 문산호의 복원을 시도하였다. 장사해변에 길이 90m, 높이 26m의 크기로 문산호의 모습을 닮은 기념물을 짓겠다는 계획이었다.

그런데 이 기념물이 2년이 넘도록 준공조차하지 못하고 있다고 한다.

선상 전시관의 남쪽에는 수중방파제를 건설하였으나 북쪽에는 수중방파제를 건설하지 않아 배의 뒷부분을 파도가 들이치면서 문제가 발생하였다. 90억원의 추가 방파제 공사비도 문제이지만, 파손상태가 심해 수리할 엄두도 내지 못하고 있다고 한다.

지역에서는 나름대로 큰 의미와 거액의 혈세를 투자한 역사문화관광사업이 문도 못 열어보고 좌초될 위기에 있다고 한다. 일부 언론에서는 이를 두고 전문가가 아닌 행정공무원이 설계와 감독을 맡아 부실을 자초했다고 하고 있다.

세계화와 지방화가 동시에 진행되고 있는 지금 지방도시가 차별화된 정체성을 확보하고 지역발전과 경제 활성화를 이룩하기 위해서는 홍보, 문화, 관광 등 전문 기술직이 없는 분야의 전문가를 양성해야 한다.

사실 이러한 사업은 관련된 지식과 경험 그리고 이것을 현대적 감각에 맞게 승화시킬 창의력은 물론, 경제성 확보를 위한 경영능력 등 고도의 전문성이 함께 요구되는 일이다. 때문에 이제는 이러한 분야도 풍부한 경험과 역량을 가진 전문가가 담당해야 한다.

계급제와 일반행정가(generalist)가 중심인 대부분의 지방자치단체에는 이러한 분야의 전문가가 부족할 수밖에 없다. 특히 순환보직의 원칙으로 인해 장기간 한가지 직무를 담당하기 어렵기 때문에 일반 행정직 공무원들이 전문 기술직이 없는 특수분야에 대한 지식과 경험을 축적하고 전문가로 성장하기도 어려운 환경이다.

그래서 전국적으로 수천억원이 넘는 세금이 버려지거나 버려질 곳에 투자되어도 누구도 책임지지 않는 일이 지금 이 순간에도 벌어지고 있다. 사업에 대한 성과평가와 책임은 언제나 엄중하게 이루어져야 하지만 순환보직으로 인해 전임자의 일은 책임지지 않으려는 관료문화와 이미 투자된 예산에는 관심이 적은 주민과 유권자들이 존재하는 환경 속에서 철저한 성과평가와 책임론이 실행되기는 어렵다.

이러한 현실을 타개하기 위해서는 무엇보다도 정책실명제가 제대로 시행되어야 하지만, 관련 분야의 전문가가 부족한 현실에서는 단지 정책실명제만으로는 효과를 거두기 어렵다. 결국은 이들을 이끌 고위직 공무원부터 전문성을 갖추고, 정책기획과정에서부터 바로 시행되고 교정되어야 한다.

특히 자연훼손이나 사행성사업의 유치와 관련된 결정은 더욱 신중해야 하고 전문성을 갖춘 이들의 판단과 결정이 필요하다. 이는 한번 시행되고 나면 다시는 돌이킬 수 없는 일이기 때문이다.

따라서 자치단체장은 공무원의 인사과정에서 적성과 희망에 따라 특정 분야의 전문성을 함양할 수 있는 기회를 보장하여 전문성을 갖춘 공무원을 육성해야 하고, 주민들은 항상 정책의 수립과 집행 그리고 평가에 관심을 갖고, 비판과 견제 속에서 책임을 묻고 새로운 미래 비전을 함께 논의하는 공존의 장을 펼쳐나가야 한다.

졸속과 무질서

만약 3~5시간을 먼지 속에 서서 기다렸는데 5~10분정도도 제대로 즐기지 못한다면 기분이 어떻고, 누구를 탓하겠는가? 우리는 가끔 어떤 이벤트나 행사장에서 주최 측의 준비 부족으로 인해 방문객의 동선이 뒤엉키거나 시간 낭비를 초래하게 되는 경우를 당하곤 한다.

설악산 오색약수 인근의 주전골과 흘림골은 아름다운 경관과 부담없는 등정코스로 오랫동안 이름난 명소였다. 그런데 지난해 낙석사고와 올해 추가 붕괴로 인해 흘림골 등산로가 폐쇄되었다. 이에 따라 지역경제의 침체에 대한 우려가 높아졌고, 그 대응방안으로 나온 것이 망경대의 임시개방이었다.

망경대가 46년 만에 46일간 임시 개방된다는 소식은 언론과 인터넷 미디어를 통해 퍼져나갔고, 주말은 물론 주중에도 많은 사람들이 몰려들었다. 공원 안내원은 망경대코스만 주중 3시간 주말 5시간이 걸린다고 한다.

이렇듯 성공적인 홍보를 통해 많은 사람들을 유인하기는 하였으나 이들 모두가 즐거운 관광이 될 수 있도록 할 수 있는 기반시설과 통제를 위한 준비가 부족한 점이 부각되었다. 임시 개방이라 그런지 제대로 된 등산로가 만들어진 것이 아니라 좁고 가파른 임시통행로를 만든 것이 문제를 키운 것 같다.

몇몇 곳에는 나무계단을 만들기도 했으나 많은 부분이 산의 중간을 자르고 그 위에 멍석을 펴놓은 수준이었고, 심지어 건축현장에서 사용하는 조립식 임시계단을 놓은 곳도 있었다. 그리고 이미 그 철계단마저도 부서지기 시작하고 있었다.

늦을 대로 늦어진 등산로에서 짜증나고 지친 사람들이 망경대에 올랐으나 미세먼지로 인해 시야가 좋지 못했다. 맑고 높은 가을 하늘과 아름다운 단풍이 어우러진 기암절벽을 기대했던 관광객들에게 미세먼지로 흐려진 경관과 더욱 늦어질 하산길이 46년을 기다려 애써 찾아온 보람과 여유를 찾기 어렵게 했다.

더욱이 망경대에서 오색마을 식당가로 곧장 내려가도록 등산로를 설계해서인지 하산길마저도 매우 가파르고 겨우 한 사람 정도가 지나갈 수 있는 좁은 길이었다. 때문에 여러 관광객들이 미끄러져 넘어지거나 쉽게 내려가지 못했고, 길고 긴 행렬로 이어질 수밖에 없었다.

거의 모든 이들의 불만에 쌓였고 이들의 불평은 결국 “누가 길을 이렇게 만들었는가?”와 “거창한 홍보에 속았다”로 향했다. 심지어 “주변 사람들을 오지 못하게 말려야겠다”고 벼르는 이들도 있었다.

그런데 이렇듯 정체된 등산길에 많은 이들이 고통과 불만에 쌓여있는 동안 어떤 이들은 갓길로 내닫기 시작하였다. 몇몇이 웅성거려 보지만 이들을 제지하지 못하였고, 한 둘이 갓길로 내닫기 시작하자 갑자기 많은 사람들이 갓길로 쇄도하기 시작했다. 이들의 추월과 새치기에 정체는 더욱 심각해졌음에도 불구하고 모두들 입 안의 소리로 불만을 표출할 뿐 한목소리를 내지 못하였다. 그러던 중 어느 한 사람이 소리쳐 보지만 시비조의 외침은 다른 한 둘의 새치기를 제지할 뿐 별다른 효과는 없었다.

많은 경우 무질서와 부정이 발생했을 때 모두가 같은 불편을 느끼고 불만을 갖지만 이를 개선하고자 상황을 통제하거나 질서를 잡기위해 나서는 이들은 부족하다. 보다 현명한 사회에서라면 질서를 우선시하여 혼란이 발생하지 않겠지만, 혹시 질서를 어지럽히는 상황이 발생하여도 이를 엄중히 꾸짖거나 한목소리를 내는 다수가 존재할 때 질서는 바로 잡힐 수 있다. 그런데 그날의 모습은 모두가 '나 갈 길 바쁘고,' '다투기가 귀찮거나 두려워서'인지 전형적인 사회적 무질서의 양상을 보이고 있었다.

결국 성급한 결정과 준비 없는 집행이 낳은 결과였고 졸속행정의 한 사례를 보는 듯했다. 졸속행정이 시민들의 불편과 무질서를 양산했고 시민들의 불평과 다툼의 끝은 결국 국립공원과 자치단체로 향하였으며, 설악산에 대한 이미지 훼손으로 이어졌다. 지역경제를 살리자는 취지였으나 지체된 등산으로 인해 일정이 늦어진 관광객들은 계곡에서 먼지를 털기 무섭게 관광버스로 향하는 모습들이었다. 기대했던 지역경제 기여효과가 어느 정도 달성될지 궁금했다.

이번 갤럭시 노트 7의 배터리 폭발 사태가 삼성의 기업문화에 잠재된 조급증 때문이라는 비판이 있다. 공공분야에서도 선거를 위한 과시용 행정이나 인기영합주의에서 비롯된 형식주의나 성과중심주의는 관료사회의 조급증을 낳고 졸속행정을 초래하는 원인이 되기도 한다.

그리고 무질서 상태에서 지나친 개인주의는 더 큰 혼란과 갈등을 야기한다. 우리 사회 전반에서 보다 높은 시민의식과 사회적 참여의식이 요구된다.

작은 승리와 '폭탄 돌리기'

지난 8월 23일 오전, 어느 자그마한 승리가 있었다. 어린 시절 소아마비를 앓아 한쪽다리가 불편한 한 사람이 해발 1708m의 설악산 대청봉 정상에 올랐던 것이다. 물론 패럴림픽을 보면 더욱 대단한 도전과 성공을 볼 수 있고, 충주지역 장애우들의 에베레스트 도전도 있었다. 그러나 어떠한 지원체계도 갖추어지지 않은 상태에서 오직 스스로의 노력만으로 자신의 핸디캡을 극복하고 목표를 성취한다는 것은 정말 아름다운 승리이고 보람이다.

몇 차례의 시도와 망설임 끝에 정상에 올라선 그는 이 도전을 위해 이번 여름의 무더위 속에서도 아파트 계단을 몇 차례씩 오르내리는 훈련을 계속 했다고 한다. 남들처럼 자신도 대청봉에 한번 올라보고 싶다는 말에 흔쾌히 동행을 약속했던 필자도 그의 실패에 대한 우려와 만약의 사태에 대한 두려움이 적지 않았다. 또한 함께 산에 올랐던 친구들도 몇 번씩 넘어지면서도 다시 일어서는 그의 의지와 다른 사람에게 폐를 끼치지 않기 위해 매번 쉬다말고 앞서서 출발하는 성심을 보며

감동이 넘쳐 오히려 부끄러움까지 느껴졌다.

그런데 산행 도중 등산로 여기저기에 10여cm 크기의 철근이 솟아있는 것을 발견하였다. 등산로의 나무계단을 고정시켰던 철근이 나무의 마모에 따라 돌출되고 만 것이다. 여러 해 등산을 하면서 몇 번 나무뿌리나 돌부리에 걸려 넘어졌던 경험이 있는 필자는 함께했던 동료의 안전뿐만 아니라 그 길을 지나갈 많은 사람들의 안전이 우려되었다.

때문에 하산 직후 국립공원관리공단 현지 사무소에 이러한 내용을 전달하였으나 자신들도 알고 있다는 직원의 말을 들을 수 있을 뿐, 언제 어떻게 개선할 지에 대한 구체적인 대답은 기대하기조차 어려웠다.

사람이 다칠 수 있는 위험요소가 발생했고 담당 기관에서 그 사실을 인지하였음에도 불구하고 왜 즉각 조치를 취해 위험을 예방할 수 없는 것일까? 예산문제인가 인력문제인가 아니면 시스템이나 안전 불감증의 문제인가?

얼마 전 전국의 공원이나 등산로에 설치된 야외 운동기구들의 위험에 대한 한국소비자원의 조사결과가 보도되었다. 운동기구가 낭떠러지 근처나 경사가 가파른 산비탈에 설치되어 있고, 주춧돌이나 나무뿌리 등 장애물이 있어, 운동하던 사람이 넘어지거나 떨어져 다칠 수 있는 가능성이 높은 곳이 많은 것으로 나타났다. 또한 고장이나 파손된 운동기구가 제대로 수리되지 않은 채 방치되어 있는 곳도 많은 것으로 나타났다.

이렇게 함부로 설치되고 방치된 시설로 인해 많은 사람들, 특히 어린이들의 사고가 많이 발생한다고 한다. 그런데도 야외 운동기구에 대한

검사의무와 안전 · 시설 기준이 없고 관리지침도 없기 때문에 많은 사람들이 위험에 그냥 방치되어 있어도 별다른 조치를 취할 수 없다는 것이다.

인명의 위험 앞에서도 '규정타령,' '예산타령'하는 관료문화의 일면을 엿보는 것 같았다. 관료사회에 '폭탄 돌리기'란 말이 있다. 이는 위험요소가 있는 것을 알면서도 쉽게 해결할 수 없는 문제이면, 이를 해결하려 노력하기 보다는 자신의 임기동안 무사히 넘어가기만을 고대하다가 후임자에게 떠넘기는 관행이 반복되는 것을 말한다.

위험에 대한 관리는 굳이 기준과 지침이 있어야만 집행할 수 있는 것이어서는 안 된다. 선 집행 후 보고와 절차를 갖출 수 있어야 하고, 예산과 인력이 부족하면 지역사회에 협력을 요청할 수도 있어야 한다.

이러한 '폭탄 돌리기' 속에 희생당하는 이들은 결국 국민이며 특히 노약자들이다. 많은 이들의 도전을 더욱 어렵게 하는 장애요인은 어쩌면 자연적인 것보다 인공적인 것이 더 많을지도 모른다.

사회와 자연 속에 잠재된 위험요소에 대한 즉각적인 해결이 이루어질 때 보다 많은 이들의 소박한 성공과 보람이 이루어질 수 있으며, 사회적 건강과 활력이 축적될 수 있다. 그리고 이러한 건강과 활력이 국가와 지역의 안녕과 발전의 원동력임은 누구도 부인할 수 없을 것이다.

2016년 8월 29일

당뇨 바이오 특화도시, 충주

지난 여름, 부산 해운대문화회관사거리에서 교통사고를 일으켜 17명의 사상자를 낸 광란의 질주자가 뇌전증을 앓고 있었다고 한다. 그가 의식이 있었는지 발작을 했던 것인지에 대한 논란이 있었으나 그가 순간적으로 의식을 잃을 수 있는 질병을 앓고 있었던 것은 사실이라고 한다. 이와같은 대형사고를 낼 수 있는 운전자들에 대해 허술한 국내 운전면허관리 문제도 그렇지만, 저혈당 쇼크와 같이 정신적 문제를 가진 환자가 400만명에 이른다는 사실에 더욱 놀랐다.

이렇듯 당뇨라는 질병은 여러 가지 합병증을 일으켜 환지 지신을 서서히 무너뜨리기도 하지만, 저혈당 쇼크 등으로 인해 가족과 타인까지도 위험에 처하게 할 수 있는 위험한 질병이라고 한다. 그런데 당뇨 환자가 2050년에는 600만명으로 증가할 것(질병관리본부 등)이고, 세계적으로도 6억4,200만명에 이를 것(국제당뇨연맹)으로 내다보고 있다. 이미 당뇨병 관련 질병으로 인해 지출된 건강보험 진료비는 1조8천억원에 이르렀으며 이전 5년동안 33%나 증가하였다고 한다.

이제 당뇨병은 인류 공동의 문제이고 당뇨병의 치유와 관리 그리고 관련 산업은 미래 인류의 건강과 행복에 직결된 문제가 되고 있다. 더욱이 당뇨환자 대부분이 잘사는 선진국이 아닌 이제 조금씩 잘살기 시작하는 개발도상국에 있다고 한다. 어렵게 살던 시절보다 식생활 등이 풍요로워지고, 도시화로 차량 등의 이용률이 높아지면서 과영양화되는 몸을 관리하지 않기 때문에 발생하는 질병이라고 생각할 때, 당뇨관련 치유와 관리를 선도하는 자에게는 미래 인류를 위한 새로운 산업을 주도할 수 있는 기회가 주어질 것으로 예상된다.

이러한 당뇨관련 신성장산업은 예방과 관리를 위한 식생활개선과 운동관련 산업과 의료관련 산업이 손꼽힐 수 있다. 그리고 이러한 산업들은 다시 바이오산업과 식의학 및 의료관광산업으로 연결될 수 있다.

충청북도에서는 이러한 발전의 기회를 인식해서인지, 이미 바이오산업을 신성장산업 중 하나로 선정하고, 오송의 바이오밸리를 비롯하여 제천의 한방바이오, 괴산의 유기농식품, 옥천의 의료기기 등을 묶어 충북 바이오 벨트 정책을 추진하고 있다. 그런데 농·축산업을 중심으로 하는 바이오산업은 이미 전국을 넘어 전 세계적으로 추진되고 있는 추세이고 이들 1~2차 산업을 3산업과 결합시켜 6차 산업으로 추구하고 있는 도시들도 많다.

좋은 아이디어와 정책은 많지만 경쟁력을 가지고 성공하는 정책은 많지 않다. 정책의 성공은 특성화와 토착화 그리고 지속적인 집행의지를 필요로 한다. 정책의 형성과정에서는 창의성이 있는 아이디어와 지역자원의 결합이 요구되고, 집행과정에서는 기다릴 줄 아는 꾸준한 인내력과 추진력 그리고 지역사회와의 합의와 시민참여가 요구된다.

지난해 충주시가 당뇨특화도시를 선언하고 세계적인 당뇨도시로 성장하겠다는 포부를 키워왔다. 그런데 남들도 다하는 바이오산업이 단순히 기존의 농·축산업 활성화 수준의 육성정책이나 6차 산업화가 아니라 세계적으로 확산 추세에 있는 당뇨라는 특수성과 결합된 바이오산업은 참신한 정책아이디어로 보인다.

특히 이러한 특수성을 지역의 자원인 천혜의 자연환경과 지역기반의 농·축산업 그리고 지역 대학의 바이오관련 연구 역량과 지역 내 대학병원의 당뇨관련 의료 역량을 결합할 때 새로운 정책의 경쟁력과 성공가능성은 배가될 수 있다. 더욱이 6차 산업화 과정에서 4차인 정보·지식산업과 5차인 레져산업 등을 결합하여, 프로그램 개발을 통한 사이버공간에서의 당뇨예방과 관리 사업을 전 세계로 확장해 나갈 수 있으며, 적극적인 치료를 위한 당뇨중심 의료 및 힐링 관광산업도 현실화할 수 있다. 현재, 중국의 당뇨인구가 1억명에 이르고 있다고 한다. 이웃나라 사람들은 물론 중동지역 부호들도 유치할 수 있다. 이들도 육류중심의 전통적 식생활로 인해 평균수명이 짧고 각종 성인질환에 고통받고 있다고 한다.

세계경제는 예측하기에 너무 어두워지고, 지역경제는 더욱 어려워지고 있다. 더욱이 고령화로 인한 농촌사회 침체는 가속화되고 있다. 그리고 단순한 방식으로 추진되는 정책 사업은 경쟁력이 높을 수 없다.

지금의 여러 가지 상황들이 지역의 미래에 대한 암담함과 위기의식을 느끼게 한다. 그러나 위기는 지혜롭게 준비하는 자에게는 기회가 될 수 있다. 당뇨를 중심으로 하는 바이오산업이 충주의 미래를 위한 큰 기회로 보인다. 지역자원과의 결합과 시민사회와의 협력을 통해 기회를 현실로 만드는 더욱 커다란 노력이 기대된다.

2016년 11월 14일

21세기 관광 포인트: 연계성, 체험성, 건강성, 중독성, 경제성

충주호의 아름다움에 반해 도시를 버리고 충주호반에서 십수년을 살면서, 충주호를 가꾸고 알리며 살아 온 친구가 있다. 정말 아름다운 풍경과 맛있는 커피가 있지만, 안타깝게도 일부러 찾아가지 않으면 쉽게 접근하기 어려워서인지, 그의 노력에 비해 많은 이들이 찾아오고 있는 것 같지는 않다.

이와 같이 충주지역에는 경치 좋고, 음식 좋은 곳들이 여러 군데 있지만 장사가 그리 잘되는 것 같지는 않다. 이유는 분절성 때문으로 보인다. 각 곳이 음식이나 경관이 좋기는 하지만 밥 한 끼 먹자고, 차 한 잔 마시자고 거기까지 일부러 찾아가기가 쉽지 않은 탓이다.

길이나 지역을 단위로 하나의 중심테마를 선정하고 이에 맞춰 서로 묶어 연계성을 갖춘다면, 누군가 한 곳에 가게 될 때 자연스레 다른 곳도 찾아가게 할 수 있을 것 같다.

그동안 고속도로 건설이나 국도4차선 확장 등 여러 도로망이 개선되어 차들은 신나게 달리고 있지만, 충주경제에 미친 영향은 우리의 기대에 훨씬 못 미치는 것 같다. 그 이유는 우리가 단지 도로망 개선에 관심을 기울였을 뿐 그것을 어떻게 활용할 지에 대한 고민과 노력이 부족했기 때문으로 보인다. 길이 뚫렸다고 돈다발이 그냥 굴러들어오는 것은 아니다.

도로망의 경우와 마찬가지로 중부내륙선 철도의 건설에 거는 시민들의 기대가 은근히 큰 것 같다. 특히 충주의 자연과 중원문화를 소재로 한 관광산업에 대한 기대도 자못 큰 것 같다. 개선된 도로와 철도가 지역경제를 개선시키도록 만들기 위해서는 우리만의 테마 찾기와 그 연계성 확보 그리고 체험성, 건강성, 중독성, 상호 경제성이 보장된 관광이 이루어져야 한다.

이제부터 관광은 그냥 보고 지나가는 여행이 아니라 직접 참여해서 체험하고 즐기는 관광이어야 한다. 가족 또는 친구들과 함께 삶의 에너지를 회복하는 힐링 내지 건강증진 관광이어야 한다. 한번 가서 보고는 '나 거기 가 봤다'고 평생 이야기하는 관광이 아니라 '한 번도 안 와 본 사람은 있어도 한 번만 와 본 사람은 없다'는 말과 같이 '한 번 체험하고 나면 다시 와서 즐기지 않고는 견딜 수 없는' 매력 내지 중독성이 높은 관광이어야 한다. 아울러 수요자의 경제적 효율성과 공급자의 수익성이 함께 보장되는 관광이어야 한다.

현대의 소비자는 매우 지혜롭다. 인터넷을 통해 가격과 서비스의 비교와 선택이 순식간에 이루어지고 있다. 예를 들면, 요즈음 캠핑족들은 집 근처 마트에서 먹을거리, 쓸거리들을 모두 사가지고 캠핑을 간다. 심지어 고속도로 휴게소에도 대형마트가 있다. 그러다보니 캠핑장에는 정작 쓰레기와 오물만 쌓이기 쉽다. 만약 캠핑장 주변에서 먹을거리, 쓸거리들을 대형마트와 같은 질과 가격에 공급한다면 어떻겠는가? 그리고 마트에서는 팔기 어려운 각종 직화구이나 바베큐, 지역의 음식물 등을 저렴한 가격에 제공한다면 어떻겠는가? 이러한 방식이 소비자의 경제적 효율성과 공급자의 수익성을 함께 가져오지는 않겠는가?

비내섬, 어떻게 할 것인가?

지금 저출산과 고령화로 인해 국가의 미래가 점차 불투명해져 가고 있다. 특히 농업인구의 연령대를 고려해 보면, 머지않은 장래에 농촌사회는 더욱 급격히 고령화가 진행될 것이며, 농촌지역의 공동화를 시작으로 지방의 위기는 더욱 가속화될 것으로 보인다. 이제 지방소멸이 그저 이웃나라의 일로만 생각할 수는 없다.

이렇듯 언젠가 소멸될 수밖에 없다는 위기감은 지역은 물론 국가적 차원에서도 함께 느껴지고 있지만 특별한 자원이 없는 농촌도시일수록 더욱 현실적이고 심각하게 받아들여지고 있다. 충주지역은 아직까지 지방소멸의 위기론이 제기될 정도로 심각한 수준은 아니지만 지방자치단체의 여러 가지 노력에도 불구하고 인구증가정책이 제대로 효과를 발휘하지 못하는 데에는 이러한 시대적 문제가 하나의 장애요인으로 작용하고 있기 때문이다.

인구감소의 문제는 지역경제의 침체와 함께 더욱 큰 위기감을 조성하기도 한다. 특히 충주와 같이 특별한 산업이 발달되지 않고 충주댐과 공군비행장 등과 같은 개발 제한을 많이 받고 있는 지역일수록 2차 산업 중심의 발전과 인구증가를 꾀하기도 어렵다. 그리고 바다에서 먼 내륙의 위치는 수출중심으로 나가기도 어렵게 한다. 또한 많지 않은 인구와 부족한 과학기술 인프라를 배경으로 3차 산업이나 4차 산업을 발전시키기도 어렵다. 아직도 높은 1차 산업비중도 하나의 부담으로 작용될 수 있다.

그러나 개발에 뒤처짐으로 인해 다행히 보존된 청정의 천연자원과 한반도의 중심에 있었기에 겪어야 했던 여러 가지 고난의 역사가 이제는 충주지역의 미래를 향한 새로운 돌파구가 될 수 있다.

전국의 많은 이들이 천혜의 자연을 찾을 수 있게 유도하고 이렇게 증가한 유동인구를 활용하여 지역경제의 활성화와 정주인구의 증가를 꾀할 수 있다. 현재 충주를 찾는 유동인구는 어느 정도일까? 한 천만명 정도는 될까? 정확하게 측정한 자료를 찾을 수는 없지만, 사통팔달의 교통망과 중원의 자연과 문화를 이용한 다양한 이벤트와 홍보 전략을 통해 현재의 유동인구를 몇 배 이상 증가시킬 수 있다. 특히 2019년 개통예정인 중부내륙철도와 제3차 국가교통망계획에 포함된 충북선 고속화는 이러한 전략의 성공 가능성을 훨씬 높여줄 수 있다. 때문에 우리는 개통될 예정인 역과 그 주변의 문화와 자연 자원을 최대한 활용하는 전략을 서둘러 마련해야 한다.

이러한 중요 자원 중 하나로 얼마 전부터 부각되고 있는 곳이 비내섬이다. 자연 그대로 방치되어 있지만 그랬기에 형성된 억새밭과 남한강 풍경에 장관이 이루고 있는 곳이다. 그래서 많은 이들이 찾아오기 시작하였고 관광공사에서 '10월의 가볼만한 곳'으로 지정하기도 했다. 비내섬은 앞으로 서울의 수서역에서 30분대에 도착이 예상되는 중부내륙선 앙성역이 개통되면 더욱 많은 이들이 찾아올 수 있는 곳이다.

그런데 사람들이 몰려오는데도 불구하고 이를 관리하고 통제하지 않으면, 무질서와 자연 파괴가 진행될 수밖에 없다. 이미 비내섬의 쓰레기 처리 문제가 제기되고 있으며, 잡목들의 성장과 차량들의 무질서로 인해 아름다운 억새밭도 점차 사라져 가고 있는 상황이라고 한다. 본격적인 개발과 관리 그리고 통제가 이루어지지 않는다면 아름다운 관광자원이 지역경제를 살리기는커녕 쓰레기장으로 변하게 될 수도 있다.

그런데 비내섬이 한미행정협정에 따라 군의 훈련지역으로 지정되어 있기 때문에 충주시가 적극적으로 나서서 개발하기도 어려운 상황이다.

충주는 한반도의 중심이자 군사적 요충지로 그동안 국가의 안보와 겨레의 안녕을 위해 적지 않은 충성과 희생을 바쳐온 지역이다. 임진왜란 때 신립장군과 8천여 군민이 함께 전사한 지역이며, 대몽전쟁 시기 김윤후 장군이 최초의 승리를 거둔 지역이고, 6.25전쟁 때도 동락초등학교 전투가 한국군의 첫 승리라고 한다. 그런데 이러한 승리와 충성의 이면에는 얼마나 많은 지역민의 고통과 희생이 있었겠는가?

이렇듯 국가와 국민을 위해 적지 않은 희생을 감당해 온 충주가 앞으로도 지속적인 희생을 감내해야 하는 것은 형평성에 어긋난다. 이제 충주에게는 그동안의 희생과 고통에 대한 보답이 주어져야 할 때이다.

비내섬을 비롯한 충주의 관광자원 활용을 위해 정부의 넓은 아량과 자치단체의 미래를 위한 결단이 요구된다.

항일의 도시, 충주의 진정한 반면교사(反面教師)는 무엇인가?

앞으로 꼭 한 달 후면 나석주 의사가 식산은행에 폭탄을 투척한 지 90주년이 되는 날이다. 1926년 12월 28일 당시 의열단원이셨던 나석주 의사는 일제침략과 수탈의 상징이었던 식산은행과 동양척식주식회사에 폭탄을 던지고 자결하였다. 동양척식주식회사는 가난한 농민들의 토지를 수탈하여 총경작지의 1/3이나 빼앗고, 29만9천명의 농민들이 고향을 잃고 멀고 먼 북간도로 떠나게 하였으며, 식산은행은 조선 농촌 수탈과 중일전쟁 자금을 공급한 일제의 대표적인 경제수탈 기구였다.

그런데 최근 충주지역에 당시의 식산은행 건물을 50여 억원의 세금을 들여 미술관으로 복원하자는 움직임이 있어 논란이 되고 있다. 그 이유로 근대 건축물에 대한 건축학적 가치와 관광자원으로의 활용 등이 제시되고 있다고 한다.

충주는 과거부터 항일정신이 뿌리 깊은 고장이다. 우선, 임진왜란 때

신립장군을 비롯한 8천여 군민이 장렬하게 전사하신 곳이다. 당시 8천여 군민의 상당수는 충주와 인근 지역의 선량한 백성들이었고, 이들이 몰살당한 뒤 살아남은 백성들마저 얼마나 더 많은 죽임을 당하고 수탈을 당했는지 상상할 수조차 없다. 때문에 충주는 피폐할 대로 피폐해져 충청 감영의 자리를 충남 공주에 한동안 내어주어야 했다.

또한 조선 말기에는 충주를 비롯한 인근 지역의 의병활동이 전국 어느 지역 못지않게 활발하였고, 3.1운동도 충북에서는 충주에서 제일 먼저 일어났다고 한다. 이렇듯 항일정서가 강한 지역이어서인지, 지금도 우리는 8천 고혼의 한과 충성을 기리고 있으며, 시민사회의 일각에서는 충북 최초의 3.1운동을 기리는 행사와 평화의 소녀상을 건립하려는 등의 노력을 기울이고 있다.

이렇듯 뿌리 깊은 항일정신을 이어나가는 지역에서 일본 제국주의 수탈의 상징을 재현하는 것은 지역 정서에 적합하지는 않은 것 같다. 특히 구 식산은행건물이 우리가 복원해야할 예성의 한 부분을 차지하고 있다는 것이 더 큰 문제이다.

과거 경복궁 근정전 앞을 가로막고 광화문을 아우르는 모양새로 지어졌던 조선총독부 건물을 1995년 광복절 50주년을 기념하여 김영삼 대통령은 "일본x의 버르장머리를 고쳐놓겠다"며 폭파·해체시켜 버렸다.

당시에도 조선총독부 건물의 건축학적 의미나 예술성 등에 대한 의견이 있어 이전 복원에 대한 논의도 있었다. 그러나 그동안 쌓여왔던 일본 관광객들의 일제시대에 대한 향수어린 행동과 그에 대한 반일 감정이 폭파 해체방식을 선택하게 하는 계기로 작용했다고 한다.

건축학적 의미가 크다면 그것은 관련 학계에서 별도의 기회와 비용을 마련하여 별도의 장소에서 연구하고 복원하면 될 것이다. 굳이 훼손정도가 심해 거의 신축과 다름없는 비용이 소요되는 건물의 리모델링에 시민의 혈세를 사용할 이유가 없다. 더욱이 인근 원주나 군산 등에 유사한 형태의 식산은행건물이 온전한 상태로 보존되어 있다.

그리고 복원비용 50여 억원은 적은 돈이 아니다 충주와 같이 재정자립도가 낮은 지역에서는 문화관련 예산의 확보와 배분이 여유롭지 않다. 때문인지 중원미륵사지 석실 보수공사는 12년의 노력 끝에 이제 막 시작되었으며, 소태면 청룡사지의 국보 제197호 보각국사정혜원융탑과 2개의 보물은 지붕조차 없이 노천에 방치된 채 그 오랜 세월동안 비바람을 맞으며 풍화와 도난의 위험을 견디고 있다.

또한 관광자원을 마련한다는 측면에서도 하루빨리 예성을 복원하여 관광을 활성화하거나 드라마촬영장으로 제공하여 일본인들이 '욘사마'라 부르는 배용준 같은 한류배우들이 활용하게 하는 것이 지역경제 활성화에 더 크게 기여할 것이다. 우리의 예성이라고 언젠가는 경복궁이나 수원 화성과 같이 제대로 복원되지 말라는 법은 없다.

미술관으로 활용하기 위해서라도 안전도도 보장되지 않는 건물을 리모델링하기 보다는 그 비용으로 차라리 접근성이 높은 다른 장소를 골라 한국고유 전통양식의 건축물이나 21세기에 맞는 최신 디자인의 건축물을 신축하는 것이 미관은 물론 안전도나 이용객의 편의를 위해서도 나을 것이다.

어떤 이들은 복원을 통한 반면교사(反面教師)의 계기를 이야기하기도 한다. “우리가 부족하고 약해서 침략과 수탈을 당했으니 앞으로는 강해져서 다시는 그런 일을 겪지 말자”는 결의의 계기로 삼자는 것이다. 이것은 부족하다는 열등감과 자학에서 비롯된 의지이다. 건전하고 바른 의지는 아니다. 우리에게 필요한 것은 강해지기 위한 격려와 노력이지 오기가 아니다. 진정 강한 자의 의지는 열등감이나 오기에서 비롯되는 것이 아니라 스스로의 자신감과 긍지에서 비롯되는 것이고, 긍정적 강화를 통한 격려이다.

최근 국정혼란의 상황을 두고 ‘국민 화병시대’라는 말이 나온다. 세월호사건 때는 ‘전국민 패닉’ 상황 속에서 많은 시민들이 우울증과 무기력에 시달렸다. 시민의 혈세를 들여 일제식민지 수탈의 상징을 버젓이 복원해 놓고 후손들까지 상시적 열등감과 자학 그리고 스트레스에 영속적으로 노출되게 할 수는 없다.

2016년 11월 27일

사드 배치의 양면게임

지난 21일 성주군민 2천여명은 서울역 광장에서 사드(THAAD) 즉, 고고도미사일방어체계의 성주군 배치를 반대하는 집회를 가졌다. 성주군수를 비롯한 군민 20여명이 삭발을 하는 등 강력한 반대의사를 표현하는 한편 외부인의 개입을 철저히 차단하기 위해 250여명이 자체 질서 유지활동도 벌였다.

성주군은 인구 4만5천명의 작은 도시이다. 전체 인구 중 53%가 50세 이상인 이미 초고령단계에 진입한 도시이고, 재정자립도도 15.28%에 불과한 힘없는 도시이기도 하다. 그리고 이번 결정은 모두가 기피하는 군사시설을 이 가난하고 힘든 도시가 떠안아야 하는 문제이다. 어떠한 형태로든 사전에 주민과의 협의와 동의를 구하는 절차가 충분히 있어야 했다.

물론 고도의 군사전략적 정책 판단을 두고 사전에 공개적인 협의나 의견수렴을 하기는 어려웠을 것으로 보인다. 그러나 부안 방폐장, 제주 강정마을 해군기지 등의 처리방식을 돌이켜 보면, 정부의 국민설득과 합의 도출 방식에도 문제는 있는 것 같다.

이번 사드의 성주군 배치 갈등도 군사전략이라는 이유에서 보안과 기밀유지를 우선시한 밀어붙이기식의 일 처리와 이러한 정부의 권위주의적이고 일방적인 결정에 대한 지역주민과 시민사회의 반발이 초래한 충돌로 보여진다.

그런데 부안군 사태나 제주 강정마을 해군기지 문제는 직접 당사자가 한국 정부와 국민이다. 그러나 성주군 사드 배치 문제는 한미 쇠고기협상 때와 같이 미국과 한국의 정부와 국민 모두가 당사자이다. 한국 정부가 독단적으로 협상하고 타협할 수 있는 것이 아니다 정치·외교·군사적으로 복잡한 국제관계와 미래에 대한 장기계획 속에서 이루어지는 일이다. 그리고 한국 사회도 이미 국제관계에 있어 다양한 행위자들의 참여가 이루어지고 있다.

사실 민주화와 지방화에 따라 시민사회가 성장하고 세계화와 인터넷으로 인해 국경없는 세상이 이루어졌으며, WTO와 같은 국제 NGO 활동으로 인해 시민들의 국제사회 행위자로서의 역할이 점차 강화되고 있는 상황에서 정부가 독단적으로 결정하고 집행할 수 있는 영역은 점차 축소되고 있다.

그러나 이러한 사회적 변화와 함께 국가 안보보다 경제를 우선시하는 인식이 확대되고 있음에도 불구하고, 남북대치 상황이 지속되고 있는 한국에서는 아직도 안보논리가 강하게 작용하고 있다.

아직도 정부의 권위주의적 정책 결정과 집행 관행이 남아있는 상황에서는, 시민사회의 변화와 지방자치의 발전에 따른 다양한 행위자의 참여가 충돌의 형태로 발전하기 쉽다. 따라서 시민참여와 정부역할의 조화가 긍정적인 결과를 창출할 수 있는 접점을 찾아야 한다.

이러한 국제관계 속에서 이루어지는 정책적 협상을 설명하는 틀로 푸트남(R. D. Putnam)의 양면게임이론(Two Level Games)이 있다. 정부는 국제관계에서의 협상과 국내의 정책 이해관계자들에 대한 설득과 합의 도출이라는 두 가지 게임을 동시에 진행해야 한다는 이론이다. 또한 국내에서 동의를 확보할 수 있는 협상 범위(Win-set)의 크기에 따라 정부는 국제관계에서 다양한 협상전략을 선택할 수 있다고 한다.

비록 힘의 비대칭적 상황 하에서 약소국에게는 전략적 선택지가 부족하고 양면게임의 동시 진행이 어렵다 하더라도 자국 내에서의 저항과 동의 확보의 어려움을 호소하며 협상을 유리하게 이끌기 위해 스스로 협상 범위의 폭을 줄이는 사례도 적지 않다.

어차피 사드를 한반도에 배치해야 하고, 성주가 전략적 최적지라면, 성주군민의 고통을 치유하기에 충분한 보상과 지금과 같은 환경이 유지될 수 있을 만큼의 안전에 대한 보장 그리고 예측하지 못한 위험 또는 만일에 대비하는 수준의 예방책까지 마련해야 한다.

그리고 진정한 국익을 위해 이러한 상황을 사드의 협상에 활용할 수 있는 정부의 지혜와 전략이 요구된다.

2016년 7월 24일

북한 핵실험, 안보 위기와 반기문 총장의 역할 기대

북한이 정권수립기념일인 9월 9일을 기해 5차 핵실험을 감행하였다. 북한이 지난 1월 4차 핵실험 이후 국제사회의 강력한 규탄과 제재를 무시하고 핵무기 개발을 계속해 온 것이다.

북한은 핵탄두의 소형화, 경량화, 표준화에 성공해 재래식 미사일과 대륙간 탄도미사일(ICBM), 잠수함발사탄도미사일(SLBM) 등 여러 종류의 미사일에 장착해 다양한 핵전술이 가능하다고 자랑하고 있다.

이제 북한의 핵무기 개발이 완성단계에 접어들고 있음을 간과할 수 없고, 한반도 평화를 위해 비핵화를 추진해 온 우리의 안보가 심각한 위기에 처해 있음을 인식하고 완벽한 대응전략을 시급히 마련해야 한다.

일반적으로 핵무기에 대한 대응은 같은 수준 이상의 핵무기로 대응하는 것이 가장 효과적이라 한다. 핵무기의 사용은 자칫 쌍방 모두의 궤멸을 초래할 위험이 있기 때문에 핵무기를 가지고 있다고 해도 서로 견제할 뿐 실제로 사용하기는 어렵기 때문이다.

지난 세기 냉전체제의 지속도 상호 핵공격으로 인한 공멸을 두려워하였기 때문이라고 한다. 그러나 미·소는 냉전의 평화 속에서도 서로 우위를 차지하기 위한 핵무기 개발 경쟁을 벌여 결국은 인류 전체를 사멸시킬 정도의 가공할 핵무기를 만들었다.

북한의 핵 위협이 현실로 다가오자 정치권 일부에서는 벌써 핵개발 내지 핵무장의 필요성을 강하게 제기하고 있다. 그런데 우리가 핵무기를 직접 개발하는 데는 현실적인 장애요인이 너무 많다. 국제원자력기구(IAEA)와 포괄적핵실험금지기구(CTBTO) 등 국제기구와 각종 협약이 핵무기의 개발을 봉쇄하고 있고, 주변 강대국들도 반대할 것이 분명하기 때문이다.

또한 우리가 핵을 개발한다면, 이미 북한의 핵개발에 자극받고 있는 일본도 핵개발에 나설 수 있고, 그렇게 되면 한반도를 둘러싼 모든 나라가 핵을 가지고 경쟁하게 될 것이며, 이는 자칫 우리민족은 물론 인류의 불행을 초래하는 단초가 될지도 모르기 때문이다.

따라서 우리는 핵개발 보다는 미국이 보다 강력한 핵우산을 펼치도록 하거나 국제사회로 하여금 보다 효과적인 대북 제재를 통해 북한이 핵무장을 포기하도록 유도하는 전략이 보다 현실적일 수 있다.

그런데 이러한 전략들이 모두 국제사회의 협력과 지원을 전제로 하고 있다. 지난 9일 북한의 핵실험 직후, 반기문 유엔 사무총장은 이례적으로 직접 기자회견에 나서 북한의 핵실험을 강력하게 비판하였고, 유엔 안전보장이사회도 강력한 규탄과 함께 중대한 추가 제재 조치가 포함된 결의안 마련에 착수하였다. 그리고 하루만에 5개 국제기구와 55개 국가의 규탄성명이 발표되었다.

반기문 총장이 발빠른 조치로 국제사회의 강력한 규탄과 중대한 추가 제재를 이끌어내는데 크게 기여한 것으로 보인다. 유엔의 수장으로서 자신의 조국을 위한 행동이 쉽지는 않았겠지만, 핵무기의 위협에서 벗어나고자 하는 우리 국민의 염원과 국제사회에서의 역할에 대한 바람에 부응한 것으로 생각된다.

북한 최고인민위원회 상임위원장이 "핵보유국의 지위에 맞게 대외관계를 확대·발전시켜 나갈 것"이라고 한 것과 조총련 기관지 조선신보의 "핵실험과 미사일계획을 끝장 볼 때까지 추진"한다는 기사를 보면, 북한은 국제사회의 제재 국면에 대해 외교적인 해결을 추진하면서 핵보유국의 지위를 보장받고, 이면에서는 핵개발을 계속하는 양면전략을 구사할 것으로 보인다.

반면에 외교단절까지 가능한 유엔헌장 제41조가 포함된 대북제재 결의안의 채택은 물론 그 실효성 확보를 위해서는 중국과 러시아의 찬성과 협조가 꼭 필요하다. 이들이 반대한다면 효과적인 대북 제재가 불가능하고 평화적으로는 북한의 핵개발을 저지할 방법이 막연해지기 때문이다.

결국 국제사회의 전면적인 협력과 지원이 있을 때만이 한반도의 안전과 평화가 보장되는 형국이 되고야 말았다. 이러한 북한의 전략에 대응하고 국제사회의 협력과 지원을 이끌어낼 수 있는 지혜롭고 효과적인 전략과 이를 실천할 인물이 필요하다. 조국의 안전과 세계의 평화를 위해 국제사회의 협력을 이끌어내는 반기문 유엔 사무총장의 역할을 기대한다.

그리고 앞으로 반기문 총장과 같은 역할을 할 수 있는 제2, 제3의 반기문을 키워내는 노력도 전개해야 한다.

2016년 9월 13일

호가호위(狐假虎威)

호가호위(狐假虎威)란 "남의 힘을 빌려 자신의 위세를 부린다"는 뜻이다. 어떤 사람들은 "누구와 친하다." "누구누구의 동창이다." 또는 누구의 총애를 받는다거나 심지어 "누구를 위해 일한다"는 말을 하며 마치 그의 권세를 자신이 마음대로 활용할 수 있을 것처럼 위세를 부리기도 한다. 그것은 특히 고위관료나 힘 있는(?) 정치인과의 관계를 내세우며 자신의 사업이나 정치 또는 사회 활동에 활용하려는 의도를 가진 경우가 많다. 그래서 우리는 예로부터 호가호위하려는 사람들을 경계해 왔다.

얼마 전, 우리 지역 출신의 가장 자랑스런 인물 중 한 사람인 반기문 유엔 사무총장이 한국을 다녀갔다. 그동안 그의 대선 출마 여부에 대해 분분한 해석이 많았고, 이번 방한으로 그의 출마를 단정하는 해석이 늘었지만, 정작 본인은 대선출마에 대해 구체적인 말을 하지 않았다. 다만, 금년 말까지인 유엔 사무총장의 임기를 충실히 완수하고 싶다고 했을 뿐이다.

이는 성실함의 표본이라는 반기문 총장다운 발언이었고, 그를 존경하거나 자랑스럽게 여기는 사람이라면 그의 뜻을 순수하게 받아들여야 한다. 그래서 유엔 사무총장의 직무를 훌륭하게 완수할 수 있도록 기원해야 하고, 경건한 마음으로 조용히 그의 결정을 기다려야 하고, 어떠한 결정이든 순수한 마음으로 지지해야 한다. 그런데 벌써부터 그의 대선 출마에 대해 찬반의 의견이 나타나고 그와의 친분을 내세우거나 대선과정에 앞장서서 큰 역할(?)을 하겠다고 다짐하는 이들도 있다.

그의 출마를 반대하는 이들은 혹시라도 그동안 쌓은 명예가 추잡한 정치판의 네거티브 선전으로 인해 실추될 것을 염려하는 경우가 많다. 반면에 친분을 자랑하거나 대선과정에 기여하겠다는 이들은 단순히 그를 자랑스러워하거나 존경하는 마음에서 비롯된 순수한 자랑인 경우도 있지만, 그의 유명세와 힘을 이용해 호가호위하려는 경우도 적지 않은 것 같다.

같은 고향 사람들, 같은 학교 동문들, 나아가 그를 자랑스럽게 여기는 모두가 그를 순수하게 지켜 주지 않는다면 그는 정말 고독해지거나 곤경에 처하게 될 수도 있다. 역사상 실패한 권력자들의 주변에는 언제나 호가호위하며 자신의 욕심 채우기에 혈안이 된 자들이 많았기 때문이다.

따라서 지금 반기문 총장을 지지하는 사람들은 스스로 자신의 지지가 과연 반 총장의 성공과 대한민국의 미래를 위한 역할이나 지역발전의 계기를 위해서인지 아니면 자신의 영달을 위한 호가호위의 수단인지 돌이켜 봐야 한다.

누구나 꿈을 가질 수 있다. 반기문 총장도 그를 지지하는 사람들도 모두가 꿈의 실현을 위해 노력할 수 있고, 진정한 성공 뒤에 오는 자연스런 도움이나 후광을 받을 수도 있다. 그러나 주인공의 결심도 없고 구체적인 과정이 시작도 되지 않은 상황에서 보여지는 욕심은 오히려 반 총장과 자신을 망치는 것은 물론 고향과 국가에 까지 해를 끼칠 수 있다.

그리고 진정 반기문 총장을 대통령으로 만들고 싶다면 자신이 실제로 어느 정도 기여할 수 있을 지 돌이켜 봐야 한다. 그의 고향인 충북에서는 많은 사람들이 지지할 것이고 반대하는 사람들은 특별한 이유가 있을 것이기 때문에 충북에서의 지지활동은 당선에 큰 도움이 되지 못한다. 결국 다른 지역의 부동층을 확보하는 데 기여할 수 있어야 한다.

따라서 도움이 되고 싶다면, 강원도나 제주도 등 다른 지역에서 부동층을 설득할 수 있어야 한다. 그렇게 하고 싶다면, 우선 군대동기이든, 대학친구이든, SNS 친구이든 연결되는 모두에게 진정으로 훌륭한 면모와 존경받는 모습부터 보여야 한다. 그래서 반기문이라는 세계적 지도자를 배출한 고장과 학교에 걸맞는 위상을 펼쳐야 한다.

그가 출마하든 안하든 그러한 우리가 될 때 우리의 노력은 발전적 변화로 이어질 것이고, 그와 함께 존경받고 그와 함께 새로운 미래를 창조해 나갈 수 있기 때문이다.

2016년 6월 20일

온고이지신과 '김영란법'

우리는 모두 살기 좋은 세상을 이야기한다. 대통령에서부터 일선공무원, 국회의원과 여야 정치인은 물론 시민단체 회원들도 보수이건 진보이건 이구동성으로 살기 좋은 세상을 만들기 위해 노력한다고 한다. 그런데 살기 좋은 세상은 무엇이고 어떻게 만드는 것인가?

아마도 살기 좋은 세상은 풍요롭고 안전한 그리고 정의롭고 공정한 사회를 의미하는 것이며, 살기 좋은 세상을 향한 끊임없는 노력 속에서 그러한 세상을 조금씩 이루어갈 수 있는 것이리라. 그리고 어떤 개인이나 조직 또는 사회나 국가마저도 새로운 변화와 발전이 없으면 살기 좋아지기는커녕 오히려 생존경쟁에서 도태될 수밖에 없을 것이다.

때문에 우리는 새로운 변화와 발전을 위한 스스로의 노력을 끊임없이 기울여야 한다. 공자(孔子)도 논어에서 "일일신 우일신(日日新 又日新)"이라 하여 나날이 변화하고 새로워질 것을 강조하였고, 과거 우리 조상들은 이를 선비로서 당연히 취해야할 자세로 삼아왔다. 그리고 우리는 이러한 변화와 발전을 추구하는 방법으로서 공자의 또 다른 가르침인 온고이지신(溫故而知新)의 노력을 전개해 왔다.

서구화(西歐化)가 곧 근대화(近代化)가 아니듯 서양의 제도와 물질문명을 받아들이는 것이 그대로 우리의 발전으로 이어지지는 않는다. 토양이 맞지 않는 제도와 문화는 오히려 혼란과 갈등 그리고 역발전을 초래할 수도 있다. 때문에 우리는 구한말 서구의 문명을 받아들이면서도 동도서기(東道西器)와 온고이지신을 새겨왔다.

이러한 전통이 있기에 첨단 과학과 문명을 바탕으로 한 세계사적 변화의 격랑 속에서도 우리는 근본과 전통을 고찰하여 버려야할 것과 지켜야할 것을 정제하고 새로운 과학과 문명을 융합하여 한층 높은 질서와 아름다움을 창조해왔다. 그 중 하나가 한류문화라 할 수 있다.

최근들어 우리사회는 발전을 위한 새로운 혼란과 갈등을 겪고 있다. 공직자 등에 대한 새로운 규제 법령인 세칭 '김영란법'이 그것이다. 우리는 과거 왕조시대 관존민비 문화와 일제의 수탈을 겪고, 권위주의 통치와 성장위주의 발전전략을 추진하면서 부정적 관행과 관경유착의 풍토가 형성되고 고착되어온 것이 사실이다. 지금 그러한 관행을 벗고 진정한 공정사회를 건설하기 위한 노력의 하나로 시행된 것이 '김영란법'이다.

그런데 이 법이 시행된 지 한 달이 못되었는데도 다양한 반응과 불만이 적잖이 나타나고 있다. 심지어 정당한 민원의 요구를 회피하는 수단으로 활용될 수 있다는 우려도 나오고 있다. 이는 법의 규제 정도가 심해서라기보다 우리사회의 부정적 관행과 고착된 관료문화가 그만큼 심각했다는 반증으로 보인다.

법의 정식명칭이 "부정청탁 및 금품 등 수수의 금지에 관한 법률"이다. 법령을 위반하거나 지위와 권한의 남용을 강요하는 것이 아닌 적법한 요구와 주장을 정당하게 펼치는 것은 문제가 되지 않는다.

그동안 우리는 정과 인연으로 뭉쳐진 사회에서 살아왔다. 정과 인연을 나누며 자연스러운 만남과 대화 속에서 여러 가지 문제를 논의하고, 다양한 민원과 불만의 수렴과 해결이 이루어져 왔다. 이러한 사회문화가 갑자기 민원 회피 내지 대인 회피적인 수준으로 변화되고 적잖은 오해와 혼란이 빚어지고 있다.

부당하고 불공정한 관행이나 부정부패가 연루된 청탁을 버리고, 위법을 요구하거나 권한과 지위의 남용을 강요하는 행위 또는 금품 수수와 향응을 생각하지 않는다면, 우리의 정과 인연에 얽힌 만남과 대화를 두려워할 이유가 없다. 더욱이 법을 핑계로 정당하고 자연스러운 민원의 접촉마저 꺼리는 것은 법의 근본취지에도 어긋나는 행위가 될 것이다.

공자의 가르침 가운데 중요한 또 하나가 바로 정자정야(政者正也)이다. 다스린다는 것은 세상을 바로잡는 것이요, 바른 사람이 해야 할 일이라는 것이다. '김영란법'의 내용은 우리사회가 진정한 선진사회의 질서와 행정문화를 갖추기 위해서는 법이 아니어도 당연히 지켜왔어야 할 행동과 문화이다. 그리고 이러한 행동과 문화는 법의 엄중함과 우리의 정 깊은 사회문화의 조화 속에서만 법의 취지 그대로 정착될 수 있다.

지금 우리의 국가경쟁력지수는 세계 140개국 중 26위인데 부패인식지수는 37위이고 공공부문청렴지수는 46위라고 한다. 이제라도 우리의 경제력과 국제적 위상에 어울리는 공정사회를 구현하여 우리의 국격을 제대로 세워야 한다.

2016년 10월 17일

김영란법과 지역경제살리기

세상에 완벽한 것은 없다. 사람이던 사물이던 모든 면에서 완전히 좋거나 나쁘지는 않다. 그저 좋은 점은 살리고 나쁜 점은 바로 잡아 보다 훌륭한 존재로 만들어 가는 것이 최선이다. 정책이나 제도 역시 긍정적인 측면과 부정적인 측면이 공존한다. 긍정적인 측면을 키우고 부정적인 측면을 억제하려는 노력 속에 제도나 정책의 성공 가능성을 확대해 가야 한다.

지금은 촛불집회와 대통령 탄핵 등 헌정사에 남을 거대한 이슈로 인해 잠잠해졌지만 불과 한 달 전까지 많은 혼란과 논란을 일으켰던 것이 바로 '김영란법'이었다. 이는 우리 사회에 오랫동안 만연되어 있던 '성의표시'와 '접대문화'와 같은 부정적 관행들을 개선하기 위해 새로운 법률이 시행되면서, 관료사회의 갑작스런 변화에 대한 기대와 우려가 함께 나타났기 때문이다.

또한 새로운 법의 적용에 대한 구체적인 기준과 사례의 부족으로 인해 '시범케이스'가 되지 않으려는 공무원들의 소극적 대응이 일종의 복지부동의 형태로 나타나기도 했고, 검찰은 커피 2잔(4천원)에 대한 자진신고의 건을 놓고 사회 상규와 뇌물의 기준을 정하지 못해 한 달이 넘게 고민 중이라고도 한다.

이 법안을 발의한 김영란 전 국민권익위원회 위원장이 "처벌을 위한 법이 아니라 부패를 방지하기 위한 노력을 하자는 행동강령"이라고 말했지만, 아직은 단지 행동강령이라기보다는 "재수 없으면 걸린다"는 생각에 통상적인 만남이나 개인적 교류까지도 자제하는 분위기이다. 때문에 '보다 공정한 사회 건설'이라는 기대 못지않게 경기 위축에 대한 우려도 있었다.

얼마 전, 여신금융협회와 카드업계에서는 '김영란법'의 시행 직후 한 달 간의 신용카드 사용 빅데이타를 분석한 결과, 음식점과 골프장에서 법인카드의 사용은 감소한 반면 개인카드의 사용이 증가하였고, 유흥주점에서는 개인카드와 법인카드 사용이 모두 감소한 것으로 나타났다. 특히 한정식집과 일식횟집 등 고급음식점에서의 법인카드 사용이 대폭 감소한 것으로 나타났다. 반면에 사무실과 집 주변에서의 카드 사용실적이 증가하여 전반적으로 보면 '김영란법'으로 인한 소비위축 현상은 미미한 편이라고 한다.

이러한 소비 생활의 변화와 개인 시간의 확보는 공무원 개인의 자기 개발이나 건강 증진 또는 가족과 함께 하는 문화생활 그리고 직원간의 교류 등 건전한 생활문화의 형성에 기여할 것으로 기대되고 있다.

그러나 이러한 분석결과나 긍정적인 기대와는 달리 농축산업계와 지역 상인들의 상황은 심각하다고 한다. 우선 한우가격이 100만원 정도

떨어졌으며, 횟집과 양식업계 그리고 꽃집 등의 타격이 크다고 한다. 특히 관공서 주변 식당가의 매출이 감소하였고, 지역에 따라서는 폐업하는 음식점들도 적지 않은 것으로 보도되고 있다.

그런데 최근 충주시에서는 매주 수요일을 '야근없는 날'로 지정하여 가족들과 함께 외식이나 쇼핑 등을 하면서 지역경제를 활성화할 수 있는 건전한 소비촉진운동을 벌이고 있다. 공무원 개인과 가족의 문화생활과 자기개발 시간을 확보하게 하고, 이를 통해 지역경제 활성화를 꾀하자는 것이다. '김영란법'의 긍정적 측면인 건전한 생활패턴으로의 변화를 촉진하고, 부정적 측면인 지역경제 침체를 방지하자는 양면의 전략으로 보인다.

사실, 우리 지역에서 충주시청은 도심 속에서 가장 많은 인원이 근무하는 직장이다. 그래서 언제나 충주시청 주변에는 많은 상가들이 밀집해 있고, 시청의 이전에 따라 도시의 변천과 발전이 유도되기도 했다. 따라서 이번에 충주시가 추진하는 '일석이조'의 전략도 우리 지역의 경제 활성화에 적지 않은 효과가 있을 것으로 기대된다.

아울러 '김영란법'으로 인해 행정자치부, 인사혁신처 등 행정부처의 업무추진비 사용이 지난해 같은 기간에 비해 29% 감소한 것으로 나타나, 업무추진비 예산의 20% 정도가 감소되어도 될 것이라는 견해가 있다. 절감되는 예산을 이러한 문화생활 촉진 및 저소득층 지원을 통한 지역경제살리기에 보탤 경우 더욱 큰 효과를 기대할 수 있다.

공부를 잘한다는 것

몇 년 전 미국 오바마 대통령이 한국 교육을 극찬하며 미국 교육의 롤 모델로(role model) 삼자고 했다는 이야기를 들었다. 그런데 얼마 전에 한 고등학생이 성적을 비관해 학원건물에서 투신한 사건이 있었다. 최고의 선진국이라는 미국에서도 본받고자 하는 교육을 받고 있는 한국의 청소년들에게 왜 이런 가슴 아픈 일이 자꾸 일어나는가?

한국은 부모와 자녀 간 동일체 의식이 매우 높은 전통 문화를 가지고 있고 교육열이 세계적으로 높은 탓인지 부모의 자식에 대한 기대와 희생이 가히 절대적이다. 그리고 이러한 자녀에 대한 관심과 열정은 주로 학업성적에 집중되고 있다.

관료중심 사회였던 조선시대에는 과거에 급제만 하면 자신의 출세는 물론 집안을 일으키고, 잘하면 자손의 부귀영화까지 확보할 수 있었기 때문에 과거급제를 위해 일생을 두고 사서삼경을 달달달 외우는 선비들도 많았다고 한다.

현재도 이러한 문화가 남아있는 탓인지 공부를 잘해야만 입신양명과 부귀영화는 물론 부모에 효도하고 나라에 충성할 수 있다는 묵시적인 분위기 속에 일류대학과 사법시험 등에 매달리고 있는 이들이 적지 않다.

이러한 사회적 분위기와 교육열이 지나친 교육 경쟁을 낳았다. 사교육시장이 40조원를 넘었고, 해외유학이나 어학연수가 필수(?)라는 수준에 이르렀다. 부모들은 파출부를 하면서까지 과외비를 충당한다거나 유학비용 때문에 홀로 단칸방에 살며 "라면을 밥 먹듯 먹는다"는 얘기도 있었다.

최근에 학생의 수학성적이 부모의 소득수준에 비례한다는 발표가 있었다. 방정식은 '='(equal)로 푸는데 수학 성적에는 불평등한 사회구조가 반영되고 있는 셈이다. 또한 학교의 성적이나 순위를 학생들의 보편적인 학업성취나 인격형성, 진로지도보다는 일류대학의 합격자 수로 평가하려는 사회적 풍토 속에 공교육의 의미는 날로 퇴색하고 있다.

몇 년 전 필자가 자녀의 학업성적과 행복감의 관계를 연구하기 위해 한국아동·청소년패널조사 자료를 통계 분석해 본 결과, 공부를 잘하는 자녀를 둔 부모의 행복감이 더 높기는 하지만 자녀의 성적 변화는 부모의 행복감에 의미있는 영향을 미치지 않았고, 자녀의 행복감이 부모의 행복감에 유의미한 영향을 미치는 것으로 나타났다. 반면에 학생은 자기 성적의 향상에 따라 행복감도 높아지는 것으로 나타났다.

결국, 자녀의 성적이 좀 더 올라가거나 내려간다고 해서 부모가 더 행복해지거나 불행해지는 것이 아니고, 학생 스스로 열심히 공부해서

성적이 오르고 행복감도 더 커질 때 부모들도 더 행복해진다고 할 수 있다.

따라서 우리는 자녀와 자신의 행복을 위해 억지로 성적 향상을 강요하기보다는 자녀가 원하는 공부, 즐겁게 할 수 있는 공부를 열심히 할 수 있도록 이끌어주어야 한다. 공부는 무조건 외우거나 일방적인 주입식 공부 외에도 즐거운 대화나 토론 또는 체험을 통해 익히는 공부도 많다. 또한 입시나 학교성적을 위한 공부 외에도 세상에서 잘 살기 위해 배워야 할 공부가 많이 있다.

최근 부장판사나 고검장 출신들의 불미스런 사건이 연이어 발생하고 있고, 공부를 잘 했을 것 같은 사회지도층 인사들이 문제를 일으키는 경우가 많은 것을 보면 공부를 잘하는 것이 곧 훌륭한 인품의 도야나 사회적 기여로 이어지는 것 같지는 않다.

공부만 잘하면 된다거나 공부를 잘 하면 모든 것을 다 잘한다는 인식 또는 공부를 잘하는 학생들에게만 베풀어지는 특혜나 관용은 오히려 그 학생뿐만 아니라 소외된 학생들을 비롯한 사회구성원 모두를 굴절시킬 수 있다.

그리고 공부를 잘해서 대도시에서 출세했다는 이들보다 고향을 지키며 사는 사람들이 자신의 모교와 지역사회에 더 크게 기여하고 있다. 그들이 바로 지역의 주인이며, 앞으로 국가와 지역을 위해 일할 인재들을 낳고 기르는 사람들이다.

2016년 8월 7일

백세인생

요즈음 백세인생이라는 노래가 한창 인기를 끌고 있다. 우리 민족 고유의 한의 정서가 서린 민요풍의 곡조에 대표적인 전래 민요인 아리랑을 후렴으로 섞어 만든 노래이기에 더 쉽게 다가오는 것 같다. 특히 노래 가사가 시대와 세대를 뛰어넘는 관심사인 건강과 장수를 노래하고 있어 누구나 한번쯤은 관심을 기울이게 되는 것 같다.

이 노래는 "건강하게 오래 살아요~"라고 하면서 끝이 난다. 이 노래를 듣다보면, 마치 건강하게 오래 살기만 하면 모두 다 행복할 것처럼 느껴진다. 그런데 가만히 생각해 보니, '어떻게 건강하게 오래 살지?' 하는 막연한 의문에서부터 '어떻게 하면 오래도록 건강할 수 있을까?' '무얼 먹고 살아야 하나?' '그 긴 세월을 뭐하고 사나?' 등등 미래에 대한 궁금함과 불안함이 밀려든다.

심지어 얼마 전 우리의 SNS에 심심치 않게 '퍼오기'되었던 우스갯소리 중에 있던 "90세에는 아침에 눈 떴다가 아내에게…"고 하는 식의 구박이라도 받고 살면 무엇 하나? 하는 장수에 대한 허무함 내지 두려움마저 살짝 스치기도 한다.

우리 나이 90세에도 아내가 누구를 때릴 만큼 기운 센 여인일지는 모르겠으나 아무튼 그냥 오래 사는 것만으로는 무언가 부족한 것 같다. 그래서 노년을 준비한다고 건강을 다지고 연금이나 자산 마련에 관심을 갖기도 한다.

그런데 한국이 OECD 국가 가운데 자살률과 노인빈곤률이 1위라는 기록을 보면, 막연한 건강관리나 노후준비만으로는 안 되는 것 같다.

건강에는 육체적 건강, 정신적 건강, 경제적 건강, 가족건강, 사회적 건강 등이 있다. 일반적으로 우리들은 육체적 건강에 관심이 높고 다음이 경제적 안정이나 치매와 같은 정신적 건강에 주의하려고 하지만, 심리적 건강이나 사회적 건강 등에는 관심을 잘 기울이지 않는다.

예를 들어, 육체적으로는 아주 건강한데 정신적으로 피폐해져서 치매나 우울증에 시달리게 될 경우 '건강 장수'라고 하기는 어려울 것이다. 또 정신과 육체 모두 건강한데 경제적으로 궁핍하다면 힘겨운 노년살이를 해야 할 것이다. 정신적·육체적으로 건강하고 경제적 여유도 있지만 가족이 서로 외면하거나 사회적으로 외톨이 신세라면 그것도 즐거운 노년이라 말하기 어려울 것이다.

최근까지 복지논쟁이 전개되고는 있으나 현대사회는 결국 가족복지에서 사회복지로, 잔여적 복지에서 제도적 복지로 나아가고 있다. 공자도 '예기'에서 '대동사회'를 주장했다. 결국은 사회적 차원에서 노인들의 건강과 행복을 배려하고 챙겨야 하는 시대가 될 것이다.

굳이 고독사나 우울증으로 인한 자살을 이야기하지 않더라도 사회적 복지시대에는 스스로 독야청청하기 보다는 다양한 사람들과 쉽게 어울리고 친숙하게 지내는 성품이 더 행복할 수 있다.

그래서 백세인생을 위해서는 즐거운 사회적 관계의 형성이 가장 중요하다. 동창회, 동호회, 향우회 등 대면접촉이나 카톡이나 밴드 등 SNS를 통해서라도 다양한 관계와 만남을 갖고, 행복과 보람을 찾을 수 있어야 한다. 거기에다 가족관계의 건강함과 행복함이 지속될 수 있다면 사회적 건강은 더할 나위 없을 것이다. 때문에 가족이 함께 할 수 있는 운동이나 취미를 찾고 평생 함께 배우고 즐겨야 한다.

다음으로 경제적 건강이 중요하다. 경제적 준비를 위해서는 저축과 건전한 투자도 해야 하지만 무엇보다 자신이 진정 좋아하는 일을 찾아야 한다. 일반적인 퇴직연령인 60세에서 백세까지는 40년, 요즈음 추세로 보면 적어도 20~30년은 다시 건강하게 일할 수 있는 세월이 남는다. 이는 우리가 처음 취업해서 일한 세월과 맞먹는 시간이다. 자신이 진정 좋아하는 일, 하고 싶던 일을 정신없이 하다보면, 오히려 정신건강은 회춘할 것이고 여기에 소소한 돈벌이라도 되는 일이라면 경제적 건강까지 확보할 수 있다.

남은 세월동안 자신이 가장 하고 싶은 일을 하고, 좋은 사람들과 사이좋게 지내는 것만이 건강한 백세인생을 사는 비결이다.

2016년 1월 25일

아름다운 선거

유난히 화창한 봄 햇살을 흐리게 하는 미세먼지와 황사가 안타까운 날, 여러 후보들이 내세운 공약과 정책을 알리는 수많은 플래카드들 속에서 "후보와 정책, 공약을 바로 알고 투표하는 아름다운 선거"라고 쓰인 문구가 눈에 띈다.

정책중심의 공정선거를 치르려는 선거관리위원회의 부단한 노력을 느끼면서, 부정선거와 흑색선전으로 얼룩졌던 우리의 지난 선거 역사와 비교해 보면 많이 깨끗해진 편이기는 하지만, 아직도 헛된 공약이나 인기영합 정책을 표방하는 등 여러 가지 문제가 남아 있다는 생각이 든다.

막걸리, 고무신, 돈봉투로 상징되던 지난 세기 선거판은 '먹어야 찍는다'는 선거 브로커들의 '조직선거' 타령에 많은 정치인들이 가산탕진으로 정치인생의 종지부를 찍어야 했다. 이러한 잘못된 선거의 역사는 3.15 부정선거와 4.19혁명을 겪으면서도 쉽사리 사라지지 않았다. 심지어 "상대후보의 선거운동원인 척하면서 돈봉투를 건네는데 봉투에는 달랑 천 원짜리 한 장만 넣는다"거나 "자기는 양담배를 피우며 상대에게는 가장 값싼 담배였던 새마을을 건네주면서 상대후보를 꼭 찍어달라"고 하는 등 고도의 이미지 훼손이나 음해 전략까지도 구사하였다고 한다. 특히 고질적인 영호남의 갈등도 이러한 흑색선전이 낳은 잘못된 결과라고 하니 네거티브 전략과 부정선거의 폐해가 얼마나 큰 문제인지 짐작할 수 있다.

20세기 말, 민주화와 지방화시대가 열리고 공직선거법이 시행되면서 많은 규제와 시민들의 노력으로 선거행태가 크게 변화되었다. 그런데 아직도 일각에서는 사전선거의 투표함 보관이나 해외동포 투표에 대한 우려를 제기하기도 하고, 공약(公約)을 '빌 공자' 공약(空約)이 많다며, 공약의 실천 가능성과 질적 수준에 대한 문제를 제기하기도 한다.

사실 이번 총선에서 내세워진 공약 가운데도 '불효자방지법,' '노인들을 위한 사랑의 치매 팔찌 보급,' '전통시장 빈 점포의 청년몰 조성' 등과 같은 이색적인 공약도 있지만 '그린벨트 전면해제'와 같이 무책임한 공약도 제시되고 있다.

이러한 헛된 공약의 남발을 방지하기 위해 시민단체들을 중심으로 매니페스토(manifesto) 운동이 전개되고 당선자의 공약실천에 대해 평가하고 있지만 모든 정치인들의 공약과 정책을 제대로 평가하기에는 무리가 있다. 특히 일부 후보자들은 매니페스토 운동을 염두에 두고 중앙정부나 지방자치단체가 이미 집행계획을 확정하였거나 구체적인 추진계획을 세우고 있는 정책을 위주로 공약을 제시하고 있다.

지역의 현안사업이나 지역발전을 위한 비전 제시가 구체성, 검증가능성, 달성가능성, 타당성, 기한명시, 공약의 지속성, 자치력 강화, 지역성, 후속조치 등 매니페스토 운동의 평가기준을 모두 충족시키기는 어려운 것이 사실이다.

그러나 지역의 발전에 꼭 필요한 정책이라면 공약 검증을 두려워해서는 안 된다. 그리고 공약 검증을 몇몇 시민단체들의 기준과 판단만으로 결정해서는 안 된다. 해당 지역 주민들과 국민들의 의견과 판단이 더 중요하다.

비전의 제시는커녕 지역의 현실을 망각한 채 일단 주장하고 보자는 식의 무책임한 공약도 문제이지만, 공약에 대한 평가가 두려워 어려운 일은 피하고 하기 쉬운 일, 이미 계획된 일만을 공약으로 내세우는 것도 곤란하다.

진정한 지역의 대표라면, 주민의 염원을 담아내고 지역의 미래에 대한 희망과 비전 속에서 장기적인 계획과 정책을 과감히 제시하고 추진해야 한다. 공약과 실천에 대한 진정한 평가는 지역민들의 마음속에서 이루어지고 다음 선거에서 판단될 것이기 때문이다.

지역의 미래를 흐리게 하는 헛된 공약과 무사안일한 정책 그리고 흑색선전을 걷어내고, 봄 햇살과 같이 밝은 백년대계를 창조하기 위해 과감한 정책의 제시와 바른 선택이 필요하다.

2016년 4월 4일

20대 총선 그 이후

제20대 국회의원 선거가 끝났다. 선거 결과에 대해 언론은 공천갈등과 분열에 대한 민심의 표현 또는 여당에 대한 실망으로 묘사하고 있다. 사실 이번에도 우리 국민은 위대했다. 민심은 천심이라 하듯이 국민의 결정은 정말 미묘하게 정교했다. 여당에겐 무소속 당선인의 복당까지 고려하여 꾸짖으면서도 국정의 안정을 기하였고, 야당에겐 승리 속에서도 자만하지 못하게 했다. 제3당에겐 희망과 한계를 동시에 인식시켰다. 그리고 모두에게 다음 대선에 대한 희망과 새로운 변화의 과제를 함께 남겨 주었다. 그래서 21세기 대한민국의 희망이 새삼 느껴지기도 한다.

전국의 선거판이 복잡하게 요동치는 가운데 충주지역구의 선거는 전국의 풍향계가 크게 작용하지 않은 채 조용하고 점잖은 선거가 치러졌다. 우선 지난 선거와는 달리 예비후보들도 많지 않았고, 선거에 나선 두 후보들이 일찌감치 공명선거합의문을 발표한 때문인지 불법선거운동은 물론 음해성 소문조차 없이 깨끗한 선거가 치러진 것 같다.

때문에 전국적으로 104명의 당선인을 포함해 1,267명이 선거사범으로 수사 중이지만 충주는 단 한건도 없는 가장 모범적인 청정선거구가 되었다.

이러한 깨끗하고 조용한 선거를 기반으로 정책과 공약에 대한 토론이 치열하게 전개될 때 지역발전을 위한 훌륭한 대안과 추진력이 발생한다. 그런데 이번 충주지역의 선거는 치열한 정책공방은 물론 획기적인 지역발전 공약이 눈에 띄지 않은 것 같다. 정책중심 선거가 이루어지기 위해서는 다양한 정치지망생들이 나와 자신들의 소신과 이념에서 비롯된 지역발전 정책과 공약들을 제시하고 토론하는 과정에서 후보군이 결정되고 최종 선거에 이르기까지 지역발전을 위한 거대한 담론이 지속적으로 전개되어야 한다. 그리고 당선 후에도 이들의 공약 수행과 정책 집행의 과정을 감시하고 지원해야 한다.

선거의 끝은 오히려 새로운 시작이다. 당선인은 자신의 정책과 공약을 철저히 수행하고 유권자의 희망과 기대를 위해 최선을 다 함은 물론, 상대 후보의 공약 가운데 훌륭한 것이 있다면 이를 수용하고 실천해야 한다. 유권자는 당선인의 공약실천과 지역발전을 위한 노력을 감시하고 지원해야 한다. 그리고 무엇보다 다음선거에 보다 많은 예비후보자들이 나와 지역발전을 위한 다양하고 참신한 정책을 제시하고 거대 담론으로 이어나갈 수 있는 여건을 만들어야 한다.

누구나 꿈을 가질 수 있다. 지역의 미래에 대한 꿈과 소신을 가진 이들은 자신의 꿈과 소신을 펼치기 위해 남들보다 더 노력하고 기여할 수 있다. 그래서 지역발전을 위해서는 이러한 꿈을 꾸고 그 꿈을 구체적으로 실천해 나가는 사람들이 많아야 한다. 꿈이 없는 사람보다는 꿈이 있는 사람이 더 노력할 것이며, 지역의 지도자가 되려는 사람이 많을수록 지역을 위해 헌신하고 봉사하는 사람이 더 많아지기 때문이다.

다음 선거는 바로 내년 대선이다. 대통령선거가 전국적 투표성향과 중앙정치의 영향을 크게 받는 탓에 이번 총선에서 나타난 새로운 변화에 대한 국민의 요구가 정당별 특성에 따라 다양하게 반영될 것이다. 그러나 오랜 사회구조적 문제와 경제적 어려움을 해결하고 평화통일을 위한 확고한 기반을 마련해야 함은 모든 정당과 후보들에게 공히 요구되고 있다. 이는 과거 압축성장과정에서 비롯된 사회구조적 문제의 고착화와 이미 깊은 국제관계와 높은 해외의존도를 가진 경제구조 그리고 주변국가의 이해와 협력이 우선시되는 한반도의 지정학적 특성 때문이다. 따라서 능숙한 국정 경험과 중도적 이념 그리고 국제적 감각과 역량을 지닌 인물들이 나와 시대적 과제를 해결하기 위한 정책을 제시하고 수행능력을 평가받는 선거가 되어야 한다.

2018년 지방선거에서는 많은 예비후보들이 나와 이미 계획된 정책사업이나 헛된 인기영합적 공약이 아닌 진정한 소신과 철학에서 비롯된 다양하고 참신한 정책과 비전을 제시하고 논쟁하는 가운데 충주발전을 위한 거대 담론이 형성되도록 해야 한다. 그것이 충주의 지혜와 실천의 추진력을 모으는 과정이기 때문이다.

2016년 4월 18일

변화와 발전

우리는 가끔 역사의 도도한 흐름을 두고 '장강(중국의 양자강)'을 인용해 표현하기도 한다. 거대한 장강의 흐름이 '앞물결'이 '뒷물결'을 끌고 가는 것인가? '뒷물결'이 '앞물결'을 밀어내는 것인가? 물이란 지구의 중력에 의해 높은 곳에서 낮은 곳으로 흐르는 것이 자연의 이치이지만 가끔은 '앞물결'과 '뒷물결'을 나누어 생각해 볼 때가 있다.

필자는 학생들에게 몇 차례 이와 같은 질문을 했었다. 공교롭게도 시대조류가 진보성향이 강했을 때는 '뒷물결'을 선택한 학생들이 많았고, 사회적 분위기가 보수적일 때는 '앞물결'을 선택한 학생들이 많았다. 그런데 강물은 언제나 '앞물결'과 '뒷물결'을 모른 체 무심히 흐르고 있었다.

세월 또한 강물처럼 도도히 흐르고 있고 역사의 변화 또한 세월을 따라 끊임없이 반복되고 있다. 이러한 역사의 변화가 순방향일 때 우리는 발전이라고 하고 그 반대일 때 우리는 역발전 또는 퇴보라고 한다. 그런데 어떤 방향이 발전을 향한 순방향인가?

정치발전에 관한 상황분석이론인 한정일 교수의 '4차원의 시·공간론'

을 보면, 1차원은 당위성(sollen), 2차원은 현실 상황과 존재(sein), 3차원은 단위체의 특성, 4차원은 시간의 가속화 요인으로 설명하고 있다. 즉 한 국가나 사회 또는 조직의 발전은 그 단위체가 처한 상황과 환경 그리고 전통과 특성 등이 고려된 상태에서 그 단위체의 존재이유나 역할당위성에 적합한 방향으로 변화가 진행될 때 발전이 이루어지는 것이고 가속화 요인의 작용에 따라 그 발전의 속도가 결정된다는 것이다.

결국 역사적 전통과 문화에서 비롯된 정신과 정의, 자연 환경과 지정학적 여건, 시대와 사회의 상황과 가치관에 따라 발전에 대한 타당성의 기준이 정해지고, 그 변화가 발전인지 퇴보인지를 결정하게 된다. 그리고 단위체의 생명과 발전의 지속을 위해서는 미래지향성에 대한 판단이 함께 요구된다.

지금 우리시대 세계적 차원에서는 현재와 미래 세대 모두의 평화와 건강한 삶, 국가차원에서는 번영과 통일, 지역차원에서는 문화와 경제의 활성화 또는 시민들의 편익과 지역발전, 그리고 친목단체나 동문회 같은 작은 조직에서는 설립 목적과 취지 그리고 화합과 친목 등을 위한 방향이 발전을 위한 순방향이 될 것이다.

오랜 전통 농경사회의 특성을 간직하고 있는 사회에서는 아직도 가부장적 위계질서가 강조되고 절대적 상명하복의 관습이 잠재되어 있다. 특히 전제군주시대와 일제 강점기를 거치고 권위주의 통치시대를 겪어오면서 서구식 민주주의를 받아들여 온 우리 사회에서는 가부장적 위계질서를 우선시하는 윗세대와 새로운 민주주의와 평등을 교육받아

온 아랫세대간의 갈등이 여러 곳에서 발견되고 있다.

그리고 건강이 증진되고 수명이 연장되는 시대이기 때문인지 몇몇 조직이나 모임에서는 20여년이 넘는 기간을 소수의 인원이 변함없이 주도하고 있는 모습을 볼 수 있다. 이러한 조직들에서는 집행구조의 정체성과 경직성으로 인해 새로운 구성원의 유입이 축소되고 조직이 노후화되고 있음을 발견할 수 있다.

'고인 물'은 썩는다고 한다. 조직도 생명을 가진 유기체와 같다. 흐르지 않는 물과 같이 신진대사가 이루어지지 않는 조직은 언젠가는 썩고 무너지게 되어 있다. 조직이든 사회이든 새로운 구성원이 지속적으로 유입되고 순방향으로의 변화가 계속될 때 조직의 목적 달성과 발전이 이루어지는 것이다.

그래서 우리는 어떤 일을 시도할 때 옳은 일인지 아닌지를 먼저 따지고, 조직과 사회의 목적과 취지에 적합한 것인지, 미래를 위한 것인지를 헤아려야 한다. 위계질서만 따지거나 상명하복만 강요하고, 옳고 그름을 헤아리지 않는다면 잘못된 명령을 무조건 수행해야하는 범죄집단과 다르지 않다.

'앞물결'이 끌고 가든, '뒷물결'이 밀고 가든, 세월은 도도히 흐르고 있다. 이러한 세월의 흐름에 따라 조직과 사회도 끊임없이 변화되어야 한다. 현재의 이익이나 주도세력 소수의 이해관계가 아니라 정의로움과 궁극의 목적 그리고 미래세대를 위한 방향으로 당연히 결정되고 실천되어야 한다.

2016년 10월 9일

제2부

삶과 자치

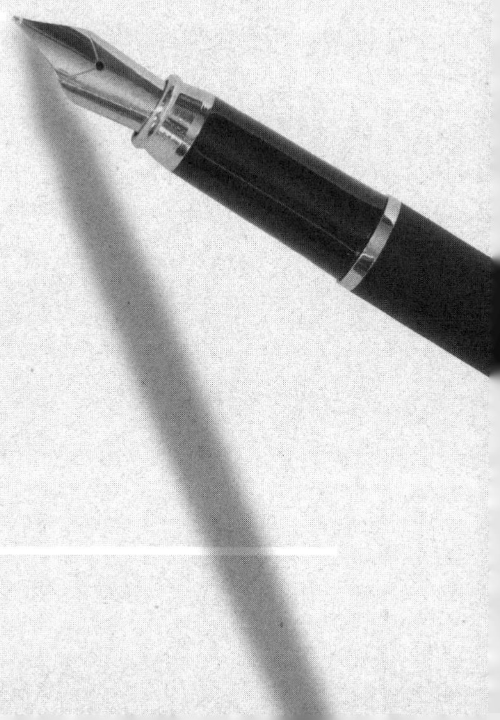

국민의례

어느 대학의 졸업식장에서 있었던 일이다. 국민의례가 시작되어 장중의 모두가 국기에 대한 경례를 하고 있었다. 모두가 숙연해야 할 그 순간에 갑자기 적지 않은 사람들이 장내로 들어오기 시작하였다.

드나들고, 수런거리고 어수선한 분위기는 애국가가 끝나고 묵념으로 이어질 때까지도 계속 되었다. 가만히 보니 이들은 결코 외국인이 아닌 우리나라 사람들이었다. 국민으로서 가장 경건해야할 순간에 자신이 국민임을 잊고 있었던 사람들도 있었던 모양이다.

이들 가운데는 그날 졸업을 하는 지, 학위복을 입은 사람들도 여럿 섞여 있었다. 국민으로서의 소양을 상실한 사람들에게 배울 만큼 배웠다는 표시인 학사나 석·박사 학위를 주는 것이 옳은 일인지 혼란스러운 순간이었다.

돌이켜 보면 언제부터인가 국기 하기식에 애국가가 울려도 하던 일이나 가던 길을 멈추지 않고 계속하는 모습을 많이 보게 되었다. 불과

20년 전만 해도 매일 국기 하기식이 있었고 모두가 바로 서서 국기에 대한 경례를 해야만 했었다.

그런데 언젠가 갑자기 국기하기식이 간소화되었고 일반적으로는 실시하지 않게 되었다. 이러한 변화의 배경에는 군사정권과 문민정부의 정권 교체가 있었다. 문민정부가 들어서면서 군사정부의 권위주의 문화를 청산하려는 과정에서 전체주의의 상징 동원 수단을 제거하면서 지나친 국민 동원 의식을 축소하거나 폐지하였다.

국기하기식과 같은 국민의례도 이러한 과정에서 축소되기 시작한 것이 이제는 국민의례에 대한 엄숙함이나 국기에 대한 경건함마저 크게 낮아지고 있는 것으로 보인다.

이러한 국가의 상징에 대한 경시풍조가 결코 민주주의나 자유주의의 구현은 아닐 것이다. 무정부주의가 아니라면 어떠한 사상이나 이념이라도 국가라는 공동체를 전제할 때 가능한 것이다. 오히려 국가 공동체가 강건한 나라일수록 민주주의와 사상의 자유가 더 높고 더 넓게 실천되고 있기 때문이다.

이제 군사정부에 대한 혐오나 미련을 떨쳐 버릴 때가 되었다. 보다 진정한 민주주의가 구현되는 대한민국을 위해서는 대한민국이라는 공동체가 건강해야 하며, 건강한 대한민국은 국민이 대한민국이라는 존재 안에서 하나가 될 때 가능한 것이다.

국기와 국가는 대한민국의 상징이므로 국기와 국가에 대한 경건한 자세는 강건한 국가를 이루기 위한 기본 전제이다. 서구 선진국 국민도 제3세계 후진국 국민도 최소한 자신의 국가가 울려 퍼질 때는 경건한 자세로 예의를 갖추는 모습을 우리는 지난 월드컵을 통해서 여러 차례 보지 않았던가.

보다 건강한 대한민국, 보다 자유로운 한국인이 되기 위해서 우리는 우선 국기와 국가에 대한 자세부터 다시 정립해야 할 것 같다.

2010년 8월

우리 영토 지키기

최근 일본 우파 의원 4명이 독도를 일본 땅이라고 주장하며 울릉도를 방문하겠다고 하는 것을 우리 정부가 안전을 보장할 수 없다는 이유로 입국 금지 조치를 취한 것으로 알려졌다.

또한 얼마 전에는 이어도 인근에서 우리 정부의 허가를 받아 우리 국적의 선박을 인양하는 작업을 하던 중, 중국의 관공선이 나타나 중국의 배타적 경제수역이라며 중단할 것을 요구하다가 긴급출동한 우리 경비함에 의해 물러난 사건이 있었다.

근년 들어 한반도 주변의 여러 나라들이 영토 확장에 더욱 혈안이 되고 있는 모습이다. 일본의 경우 우리나라 외에도 중국, 러시아, 미국, 필리핀 등 사방으로 뻗어 가려 억지를 부리고 있다. 원래 지진과 태풍이 많고 서서히 침몰하고 있다는 일본 열도를 탈출하려는 잠재본능이 있기 때문인지는 몰라도, 일본인들의 영토야욕은 물불을 가리지 않는 것 같다. 일본 열도에서 1,800㎞ 떨어진 태평양 한가운데 70㎝정도 올라와 있는 오키노도리라는 암초에 3천억 원어치의 콘크리트를 쏟아 붓고는 배타적 경제수역을 주장하고 있다.

우리와의 관계에서 그동안 일본은 끊임없이 독도 영유권과 동해의 일본해 표기를 주장해 왔다. 이에 우리 측에서 최근에 와서 대마도도 원래 우리 땅이므로 되찾아 와야 한다는 주장이 일부에서 제기되기 시작하고 있다. 최근 한 연구에서 1947년 일본이 울릉도까지 자기 땅이라고 표기한 홍보자료를 당시 점령군인 미군사령부와 국무성에 전달한 사실이 밝혀졌다. 나라가 패망한 상황에서도 미래를 위해 영토를 차지하려는 의지에 섬뜩하기까지 하다.

최근 중국이 저지른 사건은, 지금 벌어지고 있는 배타적 경제수역 협상을 유리하게 이끌려는 저의에서 비롯된 것인지는 몰라도 중국의 동북공정을 통해 중국의 영토 야욕이 체계적으로 진행되고 있음을 알 수 있다.

우리 주변국들의 영토에 대한 집착에 비해 우리의 대처는 너무 안이하다. 과거 일본의 정한론자인 사이고 다카모리는 자기를 조선특사로 보내주면 자신이 일부러 고종황제를 능멸할 것이고, 조선정부가 자신을 참수하면, 이를 핑계로 한반도 점령 전쟁을 벌이라고 주장하였다가 뜻대로 안되자 세이난 전쟁이라는 반란까지 일으켰다.

최근 울릉도 방문을 시도한 일본 자민당 의원 4명이 이를 본받아 자신들을 희생양으로 삼아 독도분쟁을 유리하게 이끌려는 시도인지, 아니면 자국의 유권자들에게 정치적 지지를 보장받기 위한 퍼포먼스인지는 몰라도, 자신의 이권에만 매달리는 우리의 일부 정치인들보다는 자기 조국에 대한 충성심이 높은 것만은 사실인 것 같다.

지금 우리에게는 독도와 이어도만이 문제가 아니다 이어도 앞바다는 한반도 몇 배 크기의 대륙붕이 이어져 있고, 이는 자원의 보고이다. 이 바다와 해저 대륙을 잃고 우리의 미래를 논할 수는 없다. 그리고 통일이후에 본격화될 간도와 녹둔도 그리고 연해주 지역의 땅은 어떻게 할 것인가?

지금 이대로의 안일한 대처는 언제나 우리의 미래를 불안하게 한다. 우리는 주변국과의 여러 협상에서 명쾌하게 승리해 본 적이 없다. 한일어업협정과 같은 패배가 반복되어서는 안된다. 영토와 국제협약에 관한 상설기구라도 만들어서 사전에 철저하게 대비를 해야 한다.

이제 우리도 영토와 자원문제에 대해서는 공세적 대응이 최선의 방어라는 인식이 필요하다.

2011년 11월

이어도와 중국의 욕망

일본의 강한 영토야욕은 우리 독도를 자기 영토로 만들기 위해 끊임없는 도발을 이어왔고, 센카쿠 열도에서는 중국과 갈등을 빚어왔다. 그런데 영토에 대한 야욕은 중국도 만만치 않은 것 같다. 과거, 같은 공산권 국가인 베트남의 서사군도와 남사군도를 침입하는 등 인접국과의 해양 분쟁을 일으켜 온 중국이 이제는 우리와 이어도를 두고 갈등을 야기시키고 있다.

최근, 중국 국가해양국장이 이어도가 중국 관할 구역이라며, 해양국 소속 감시선과 비행기의 정기순항 범위에 들어가고 이와 관련한 법과 집행체제를 마련했다고 발언하였다. 더욱이 우리 이어도기지 해양조사 활동을 염두에 두었는지 중국 관할 구역에서 불법적인 과학연구조사 활동과 자원탐사 및 개발활동에 대응할 것을 경고하고 나섰다.

이러한 중국 고위층의 발언에는 해저자원과 주변해역에 대한 통제권을 차지하려는 저의가 있다고 한다. 이어도를 포함한 동중국해에는 1천억 배럴의 원유와 72억 톤의 가스가 매장된 것으로 추정되고 있고,

최근 중국의 첫 항공모함인 바랴크 호가 처음으로 실전에 배치되는 등 중국이 주변 해상권 장악을 위해 나선 것이 이러한 해석을 뒷받침하고 있다.

이어도는 해수면 아래 4~5m에 있는 수중 암초여서 영토는 아니지만, 배타적 경제수역이 겹칠 경우 그 중간을 경계로 하는 국제법상 EEZ 획정기준에 따르면, 이어도가 마라도에서 149Km 떨어진데 반해 중국 측은 가장 가까운 곳이 247Km나 떨어진 퉁다오라는 작은 바위섬이어서 우리의 배타적 경제수역에 속하게 된다고 한다. 그런데 중국은 국제법 기준을 외면한 채, 해안선의 길이, 영토의 규모, 대륙붕의 연장선 등 자신들에게 유리한 것들만 주장하면서 16년째 EEZ회담을 질질 끌고 있다고 한다.

한국에게 있어 중국은 지정학적으로 가장 가까운 나라이다. 오랜 역사를 두고 갈등과 우정을 함께 해 왔고, 앞으로도 그럴 것이다. 따라서 중국은 경계를 늦추지 않고 유대를 지속해야 할 이웃이다.

무엇보다도 미래를 위한 영토와 자원 문제에 대해서만은 국민의 일치된 자세가 필요하다.

2012년 3월

한 · 중 · 일 국민감정

얼마 전 한 중국인이 일본군 종군위안부에 대한 일본 정부의 태도에 항의하며, 주한 일본대사관에 화염병을 투척한 사건이 있었다. 리위창이라는 38세의 이 중국인은 자신의 외조모가 일본군 위안부였고, 조부는 중국 홍군으로 항일운동에 참가하였다고 한다. 또한 자신은 일본 대지진과 해일 피해지역에서 3개월 동안 자원봉사를 하였으며, 일본의 야스쿠니신사에 불을 지르고 한국에 들어와 일본인 여자 친구와 함께 화염병을 제조하였다고 주장하고 있다.

이 중국인이 자신의 주장대로 일본의 군국주의적 행태에 분노한 것인지, 단순한 영웅심리에서 저지른 행동인지는 알 수 없으나 한 · 중 · 일 각국의 복잡한 국민 감정의 한 단면을 표출하고 있는 것만은 사실인 것 같다.

지난해 한 · 중 · 일 언론기관들이 공동 조사한 여론조사에 따르면, 한 · 중 · 일 세 나라 국민의 상호 평가와 신뢰도가 4년 전 보다 나빠졌다고 한다.

이는 일본의 독도 영유권 주장과 센카쿠 열도분쟁 등 영토 문제가 국민의식에 크게 영향을 미친 때문으로 분석되고 있다. 더구나 최근 중국어선의 반복되는 영해 침범과 이를 단속하는 해경 살해사건으로 인해 한·중관계가 더욱 악화되어 있다.

이러한 국민정서의 악화가 북핵 문제 등 한반도를 둘러싸고 있는 국제문제의 해결에 도움이 되지 않는 것은 사실이지만, 그렇다고 당하기만하고 저자세로 인내할 수만은 없다. 이런 상황일수록 이이제이 전략이나 강온양면 전략을 적절히 구사하는 지혜가 필요하고, 국민과 정부가 파트너십으로 강온전략의 상호보완적 역할을 할 필요도 있다.

그런데 얼마 전, 일본 도쿄의 교직원 노동조합이 중학교 교과서 선정과 관련해서 “독도가 일본 영토라는 역사적 근거가 없다”고 하여 일본정부의 입장과 배치되는 주장을 하였다고 한다. 반면에 이러한 일본 교육계의 양심어린 의지와는 달리 우리 교육계에서는 역사교과서 집필기준에서 “친일파 청산”과 “독재정권”에 대한 문구를 삭제하였다고 한다.

진실에 바탕을 둔 역사의식의 함양과 바른 역사의식이 고취된 국민정서만이 한반도와 주변국의 평화와 번영에 진실로 기여할 수 있음을 잊지 말아야 한다.

2012년 1월

대마도도 우리 땅

잊을만 하면 다시 나와 우리의 민족 감정에 불을 지르는 일이 있었다. 일본의 끊임없는 독도 영유권 주장과 동해의 일본해 표기 그리고 역사와 사회 교과서 왜곡이다. 어째서 이런 일들이 반복되고 있는지 일본에 대한 비판과 우리 스스로의 반성이 제기되어 왔다.

그런데 얼마 전에 대마도가 원래 우리 땅이었다는 사실이 다시 입증되어 화제이다. 대마도는 본래 계림 즉 경상도에 속한 한국 땅이며, 문서에 기록된 명백한 사실이라고 세종실록에 적혀 있다는 것이다. 또한 고려 공민왕 때 대마도주가 고려로부터 무관의 벼슬을 받은 바 있으며, 이후 조선말까지 계속 우리나라의 한 고을로 인정되었다고 한다.

또한 얼마 전 한 포럼에서 제시된 바에 의하면, 일본의 하야시 시헤이라는 사람이 1832년에 조선, 오키나와, 북해도, 오가사와라를 대상으로 하는 삼국접양지도를 만들었는데 그 해설서가 삼국통람이라고 한다. 이 삼국접양지도를 독일인 클라프로토가 번역하여 프랑스어판을 만들었고, 일본은 이 프랑스어판 삼국접양지도를 미국과의 영토분쟁에 활용하여 오가사와라를 일본 영토로 편입시키는 데 성공하였다는 것이다. 결국 일본은 이미 이 지도를 국제 영토분쟁에 공식자료로 활용하였다는 것이다.

이러한 사실은 1924년 조선총독부가 발간한 삼국통람도설에서도 인정하고 있다고 한다. 일본은 19세기부터 이러한 사실을 왜곡하기 위해 모조품 삼국접양지도를 만들어 대량으로 배포해 왔다는 것이다. 최근 삼국접양지도의 원본이 미국 국가기록보존실에 보관된 1865년 페리제독의 일본지도와 함께 제시되어 대마도가 우리 땅임을 확실하게 입증하고 있다고 한다.

그런데 더욱 놀라운 것은 이미 1948년 8월 18일과 1949년 1월 7일 두 차례의 연두기자회견에서 이승만 대통령이 일본에게 대마도의 반환을 공식 요구했었다는 것이다. 이미 63년 전에 이승만 정부가 대마도의 반환을 공식적으로 요구했었는데, 어째서인지, 그 다음 정부부터는 영토 회복을 위한 노력이 중단되고 잊혀져 왔다. 다음 정부들은 우리의 영토회복에 무관심했던 것인지, 아니면 사실을 숨기기 위해 일부러 함구해 왔는지, 아니면 영토분쟁을 우려한 제3국의 개입과 압력은 없었는지 궁금하다.

이제 국민 모두가 영토회복에 나서야 하고, 대마도 반환노력이 중단된 이유도 밝혀야 한다. 마침 지난해 가을 국회의원 37명이 대마도에 대한 국민적 관심을 고취시키고 대마도 영유권 문제를 따져 보기 위해 대마도포럼을 만들었다고 한다. 연간 두 차례 대마도를 방문하고, 지방자치단체에서 공청회도 개최하고, 대마도가 우리 땅으로 표기된 지도도 제작하겠다고 한다.

설립 이후 시간이 얼마 안 되어서 인지 아직까지 이렇다 할 성과는 알려지지 않고 있다. 이들의 노력이 대마도가 아닌 자신들에게 국민적 관심을 끌어보려는 인기영합전략은 아닌지, 그래서 오히려 대마도를 되찾으려는 순수한 국민의 의지를 왜곡시키지나 않을지 우려스럽다.

2011년 6월

한복과 양방향 세계화

지금은 세계화시대이고, 세계화의 물결이 쓰나미처럼 밀려오고 있다고 한다. 그래서 지금 빨리 세계화의 물결에 대비하지 않으면 안된다고 말하는 이들이 있다.

그런데 세계화 시대라고 말하기 시작한 지 10여년이 지나도 세계화 물결로 인해 무너진 것이 특별히 눈에 뜨이지는 않는다.

세계화가 일방적으로 밀려오는 물결일 수 있지만 밀려온 물이 다시 밀려가듯이 우리의 것을 다시 띄워 보낼 수도 있다. 다시 띄워 보내는 것이 우리의 진해일 수도 있고, 우리의 상품과 문화일 수도 있다. 이렇게 세계화는 양면성을 가지고 있어서 양방향 세계화라고 말하기도 한다.

양방향 세계화는 서로에게 배우고 동화되는 세계화를 말한다. 세계화의 물결 속에서 경쟁력이 없으면 도태되고 만다. 그런데 얼마 전 우리나라의 한 호텔에서 한복을 입었다는 이유로 출입이 금지된 사건이 발생하였다. 그것도 우리나라의 대표적인 재벌 그룹의 호텔이자, 우리

나라를 대표하는 특급호텔에서 있었던 사건이다.

호텔 측이 사과를 하였지만 한낱 사소한 해프닝으로 치부하기에는 세계 일류, 제일주의를 표방하고 직원관리에 철두철미하다는 그룹에서 벌어진 일이라 뭔가 씁쓸하다.

얼마 전 일본 소프트 뱅크의 데이터 센터 이전 지역을 굳이 우리나라의 김해시로 정한 것은 단순히 대표인 손정의씨가 한국계이기 때문만은 아닐 것이다. 최근 세계 최고 자동차그룹인 도요타의 사장이 한국을 방문했고, 그 이면에 한국으로의 생산시설 이전 의도가 있다는 소문도 들린다고 한다.

지금 일본의 대지진과 후쿠시마 원전사태 이후 일본 기업은 물론 세계의 눈이 다시 한국으로 향하고 있다. 이것은 단지 인접 국가의 재앙에 따른 반사 이익이 아니라 우리가 모르는 장점 때문일 것이다.

외국인의 입맛에 거북하면 안 되지만, 외국의 것을 그대로 모방해서는 더욱 안된다. 우리가 매일 먹는 밥하고 똑 같은 밥이라면 비싼 돈 주고 외국 밥 사먹겠는가? 외국의 약점을 보완해주고, 우리의 장점을 살린 것이라야 한다. 특히 우리만의 독특한 풍미를 담아내야 한다.

외국 제품을 싣고 들어온 배는 우리 제품도 싣고 나갈 수 있다. 외국 문화를 들고 들어온 사람들이 우리 문화를 배워 온 세상에 퍼뜨리게 해야 한다.

세계가 몰려오고 있다. 그것은 바로 우리가 세계로 진출할 수 있는 큰 기회이다.

2011년 6월

다시 켜진 촛불 얼마나 가려나?

지난달 25일 미국 캘리포니아 주에서 광우병에 걸린 소가 다시 발견되었다. 많은 이들이 수입 중단을 요구하고 있지만 미국 정부는 광우병에 걸린 소가 유통되지 않았기 때문에 위험하지 않다면서, 수입 중단 조치는 안된다고 주장하고 있다. 우리 정부도 미국의 안전론에 동조하는지 과학적 근거가 부족하다는 이유로 수입 중단 조치를 유보시켰다.

정부는 이번에 발생한 광우병이 비정형 L형이어서 위험하지 않다고 하지만 최근 비정형도 위험하다는 것과 특히 L형은 감염 가능성이 오히려 더 높다는 것이 입증되었다. 또한 2008년 5월, 우리 정부는 국민들에게 미국에서 광우병이 발생하면, 즉각 수입을 중단하고, 수입 쇠고기를 전수 조사하겠다고 약속하였다고 한다.

그런데 그 당시 버시바우 미국대사가 어느 정당 대표를 만나 미국에서 광우병이 발생해도 병에 걸린 쇠고기가 유통되지 않는다면, 한국이 수입을 중단할 과학적 근거가 부족한 것이라고 말했다고 한다. 결국,

정부가 미국과는 실천 가능한 협의를 이끌어내지도 못하면서도 국민들에게는 지키지도 못할 약속을 한 것이었다.

국제협상을 설명하는데 사용되는 '양면게임'이라는 이론이 있다. 협상 당사자는 상대국 협상자와도 협상이라는 게임을 하지만 협상결과를 놓고 국민들과도 타협을 해야 한다는 것이다. 협상결과가 강력한 국민적 반대에 부딪치면 협상에 들인 노력이 헛수고가 되기 때문에 협상당사자들은 어떻게 해서든지 협상의 성과를 내려고 하다 보니, 국민들이 더 강렬하게 반대하는 쪽으로 덜 반대하는 쪽의 대표가 양보를 하게 된다는 것이다.

2008년 5월, 우리에게는 촛불집회라는 정말 강력한 국민들의 요구가 있었다. 그런데 우리 정부는 이 에너지를 협상에 유리하게 사용하지 못하고 미국과 국민 사이에서 혼란스러워하다가 두 가지 게임 모두 실패했던 것 같다.

지난 5월 2일, 촛불이 다시 켜지기 시작했다. 촛불이 얼마나 크게 오랫동안 타오를지는 알 수는 없다. 그러나 이제는 미국산 쇠고기의 수입중단과 재협상도 문제이지만, 우리 정부가 진정 누구의 편인가? 과연 국민은 정부를 믿고 살 수 있는가? 하는 보다 근본적인 의문으로 내닫고 있다.

2012년 5월

후쿠시마 원전사고 후 1년, 고리원전은?

지난 11일로 일본 대지진과 후쿠시마 원전 사고가 난 지 1년이 되었다. 원전에서 30Km 떨어진 땅에서도 플루토늄 241이 나왔고, 바다에서는 5,600 테라베크렐의 세슘 137이 나왔다고 한다. 원전 반경 30Km 이내는 이미 죽음의 땅으로 변해 버렸고, 도쿄 시내와 도쿄 앞바다에서도 인간에게 치명적인 방사능 물질이 검출되었다고 한다.

후쿠시마 지역 인근에서 생산된 쌀과 채소, 우유 등은 물론 도쿄 앞바다의 광어와 바지락조개에서도 치명적인 방사능 물질이 검출되고 있다고 한다. 이제 일본인들은 좋아하던 생선회를 끊었고, 생수로 밥을 짓고, 뉴질랜드산 쇠고기를 먹고 있다고 한다.

그런데 아직도 핵연료봉이 녹아내리고 있어 방사능 오염은 점점 더 심해질 것이고, 규모 7이상의 강진이 지속적으로 발생하고 있어 대규모 지진과 쓰나미가 다시 발생할 수도 있는 매우 심각한 상황이라고 한다.

그런데 우리나라에서도 핵연료봉이 녹아내릴 뻔 한 적이 있다고 한다.

고리원전 1호기의 핵연료봉 냉각장치에 원전 정전 사고가 발생하여 핵연료봉이 녹아내릴 뻔하였다는 것이다. 원래 핵연료봉의 냉각장치 전원은 안전을 위해 두 개의 선로로 공급되며, 비상발전기까지 마련되어 있었는데, 사고 당시에는 직원들의 실수로 두 개의 선로가 모두 점검에 들어갔고, 비상발전기는 이물질이 끼어 작동하지 않았다는 것이다.

고리원전 1호기는 2007년 이미 30년의 수명이 다했으나 10년간 연장해서 상업운전 중이고, 1977년 설치된 비상발전기도 34년째 유지되고 있다고 한다. 노후된 시설도 문제이지만 더 큰 문제는 사람에게 있었다. 사고가 발생하자 발전소장은 '보고하지 말라'고 지시했고, 상급기관인 '한국수력원자력'까지 나서서 사고를 은폐하도록 "함구령"을 내렸다는 것이다.

쓰나미로 발생한 후쿠시마 원전사고의 피해를 키운 것은 원전폐쇄와 배상금을 피해 보려는 도쿄전력의 욕심이지만, 노후된 시설과 안이한 자세 때문에 발생한 고리원전 사고는 조직적 은폐와 같은 비리행위로 인해 그 위험요인들을 더욱 키워가고 있다.

후쿠시마 원전 주변 20Km에는 7~8만명이 살았지만, 고리원전 30Km 이내에는 317만명이 무방비 상태로 살고 있음을 잊지 말아야 한다.

2012년 3월

후쿠시마원전사고와 고리원전사고의 닮은 꼴

오늘은 어버이 날. 우리 나이는 부모님을 모시기도 하지만 자녀를 기르기도 하는 나이이다. 어버이날 부모님께 꽃을 달아드리기도 해야 하고, 자녀들이 달아준 꽃을 달고 다니기도 해야 한다.

돈을 아낀다고 자녀들이 달아준 꽃을 부모님께 다시 달아드리거나 부모님께 달아드린 꽃을 잠시 빌려 자녀들에게 달아달라고 할 수는 없는 것이다. 마찬가지로 우리 세대의 문제이건 부모님 세대에서 부터 비롯된 문제이건 우리 사회에서 잘못된 것이 있다면 이를 바로 잡아야 한다. 잘 못된 그대로 자녀들 세대에 물려주어서는 안된다.

최근 고리원자력발전소에서 수 천 도에 이르는 원자로의 냉각기능을 마비시키는 완전 정전 사고가 발생했다. 곧바로 외부전원을 연결하여 냉각기능을 회복시키는 바람에 심각한 사태가 발생하지는 않았지만 단 12분의 정전으로 원자로의 온도가 36.9도에서 58.3도까지 급상승하였다고 한다. 1~2시간만 방치했더라면 후쿠시마원전 사고처럼 원자로의 핵연료봉이 녹아내리는 최악의 사태가 발생할 뻔했다고 한다.

그런데 문제는 고리 원전 사고의 상황이 일본 후쿠시마 원전 사고 상황과 너무 유사하다는 것이다. 사고 발생의 직접 원인은 고리 원전의 경우 부주의와 태만이고 일본 원전은 쓰나미라는 자연재해이지만, 사고가 발생하자 최고관리자가 직접 나서서 조직적으로 사태를 숨기려 했던 사실이나 경제성만을 고집하여 위험을 확대시킨 점, 무조건식 상명하복의 조직문화나 끼리끼리 차지하는 인사비리, 동문끼리 나누어 먹는 이권이나 유관 기관과 기업의 비리와 담합 등 여러 가지 사회 · 문화적 문제들이 한국과 일본이 유사하다는 것이다. 그리고 그러한 문제가 인류적 재앙인 후쿠시마 원전 사고의 배경이라는 것이다.

조직의 경직성과 폐쇄성이 집단이기주의를 낳고 집단이기주의로 무장된 소수 지배집단이 경제성만 내세울 때 언제든지 고리 원전과 같은 사고는 재발할 수 있다. 다음에는 12분이 아니라 1~2시간으로 늘어날 수도 있다.

이제 우리 세대가 만들었든 부모님들께 물려받았든 잘못된 것은 사회에서든 가정에서든 후대에 물려주지 말아야 하고, 그렇게 하는 길은 오직 과감하게 우리부터 고쳐 나가는 것이다.

2012년 5월

은폐라는 이름의 범죄

국무총리실 불법사찰 은폐, 수원 20대 여성납치 살해사건 부실대응 은폐, 광우병 위험성 축소·은폐 등 요즈음 터지는 상당수 사건들에는 정부기관들의 정보은폐가 숨어있다. 마치 정보 은폐나 축소·왜곡이 유행처럼 우리 사회 깊숙이 만연되어 있는 것 같다.

정보의 은폐나 축소·왜곡은 일단 위기상황이나 모면하고 보자는 순간적인 충동에서 비롯되는 경우도 있지만 책임회피를 위해 조직적으로 담합하여 사실을 은닉하는 경우도 적지 않다. 그래서 정부기관의 조직적 은폐는 더욱 심각한 문제를 야기하는 것이다.

순간적인 거짓말로 잘못을 한 순간 숨길 수는 있지만, 진실이 알려지면 자신과 조직은 물론 국가마저도 치명적인 상처를 입게 되는 것이다. 지금은 21세기 정보화 사회이다. Internet을 비롯해 각종 SNS 등 수많은 정보 매체들이 난무하고 있다. 숨길 수 있는 진실이 극히 협소화된 시대이다.

지난해 발생한 일본의 후쿠시마 원전 사고는 체르노빌 수준을 넘어 인류적 재앙을 초래했고, 지금도 계속 방사능을 내뿜고 있다고 한다. 이렇듯 후쿠시마 제1원전 사고가 심각해진 원인으로 정보은폐가 지적되고 있다. 사고발생 초기 일본정부와 도쿄전력이 사태의 심각성을 직시하고 정보와 자료를 공개하여 국내외 기술진이 다함께 초기 진압에 나섰다면 지금과 같은 최악의 사태를 막고 인명과 재산의 피해도 크게 감소시킬 수 있었다. 그런데 일본정부와 도쿄전력은 어떻게 해서든 손해 보지 않기 위해 사태를 은폐하였다가 초기 진압의 기회를 놓쳤던 것이다. 이렇듯 정보의 은폐는 전 인류적 재앙을 초래할 만큼 위험한 것이다.

39년 전 베트남전 관련 기밀문서를 공개하여 세계적인 정보공개사이트인 '위키리크스'를 있게 한 장본인인 대니얼 엘스버그는 "고문과 살인을 폭로한다고 안보가 위협되는 것이 아니며 오히려 공개하지 않으려는 시도가 더 큰 손해를 초래한다"면서, 펜타곤의 정보를 공개한 것은 자신의 자유가 위협받더라도 그만큼 가치있는 일이라고 확신하고 있다.

최근 몇 년 동안 우리사회에서 양심선언을 하는 이들이 보이지 않고 있다. 정보의 은폐와 왜곡이 유행처럼 만연된 지금 양심선언을 기대하는 것이 오히려 무리인 듯하다.

2012년 5월

민방위훈련

20여 년 전까지 매월 15일이면 전 국민이 참여하는 민방위 훈련이 있었고, 때문에 많은 불편과 어려움도 있었을 것으로 생각된다. 그러나 서슬 퍼런 군사정부의 안보논리에 대항하여 쉽사리 거부하고 나서지 못했다. 군사정부가 끝나고 권위주의 독재문화가 청산되면서 민방위 훈련도 축소되어 이제는 언제 하는지 누가 하는지도 잘 모르고, 다만 사이렌 소리가 들릴 때면 아마도 민방위 훈련을 하는가 보다 하고 생각하는 정도가 된 것 같다.

그런데 가끔 대형사고가 터지고 여러 인명의 안타까운 손실을 들을 때면, 우리가 제대로 대비하지 못한 것은 아닌가 하는 생각이 들고 차라리 재난 대비 훈련이라도 해 두었으면 더 낫지 않았을까 하는 생각을 하게 된다.

전쟁도 재난 가운데 하나이다. 다시 말해 인간에게 발생할 수 있는 재난은 전쟁 외에도 수재, 화재, 지진, 그리고 가장 무서운 인재에 이르기까지 여러 가지이다. 이러한 위기상황이 갑자기 발생했을 때, 당황하여 우왕좌왕하다 보면 본의 아니게 피해를 키우게 된다. 이럴 경우에는 침착하게 위기 상황에 대처함으로써 피해도 줄이고, 무엇보다 소중한 인명을 보호할 수 있게 하자는 것이 재난 대비 훈련의 기본 취지이다.

과거 군사정부는 이를 안보 위기와 반공 이데올로기를 섞어서 국민 통제 수단으로 활용하였다. 이에 대한 반발 내지는 정치적 악용을 방지를 위해 민방위훈련을 축소하다 보니 이제는 유명무실하게 된 것이다. 그러다 보니 위기에 대한 대응능력이 부족해짐은 물론 위기의식마저도 상실되어 만성 안전 불감증이라는 말마저 나오고 있다.

형식적 훈련과 홍보만으로는 재난에 대한 대비가 되지는 않는다. 탁상공론식 행정 조치와 대응만으로는 인명이 구조되지 않는다. 아무리 좋은 위기관리 매뉴얼을 준비해 놓아도 훈련되지 않으면 실제 상황에서 효과를 발휘할 수 없다.

불이 났는데 캐비닛에 잘 보관된 매뉴얼을 언제 다 읽어 볼 것이며, 어디 있는 지도, 쓸 줄도 모르는 소화기는 장식품 밖에 되지 않는 것이다. 이제 권위주의 군사정부에 대한 망령도 원한도 풀어놓고 진정 필요한 일을 현명하게 해 나가야 한다.

미래와 위난에 대비한 준비는 아무리 해도 늘 부족하다. 선진국일수록 위기에 대한 대응능력을 키우고 준비해 나가고 있다는 사실을 직시해야 한다. 종합적인 재난대책을 세우고 위난에 대한 국민적 차원의 훈련을 정기적으로 실시해야 한다. 화재만이 아니라 다양한 위기 상황에 대한 훈련을 체계적으로 준비하고 실시해야 한다. 재산상의 피해뿐만 아니라 가치를 가늠할 수 없는 귀중한 인명을 보호해야 한다.

물론 사고를 사전에 예방하는 것이 가장 중요하지만, 발생한 사고에 당당히 맞서 능숙하게 처리할 수 있는 능력을 기르는 것도 못지않게 중요한 것임을 되새겨야 한다.

2010년 8월

시민의 대리인

대리인에 관한 규정이 우리 민법에 나와 있다. 본인의 권리와 의무를 대신 행사하는 사람을 대리인이라 하고, 그 대리인이 다시 선임한 또 다른 대리인을 복대리인이라고 한다. 복대리인은 대리인의 행위를 대신하는 사람이지만, 대리인의 대리인이 아니고 본래 본인의 권리를 가지고 본인을 위하여 그 권리을 행사해야 하는 것이다.

민법의 규정만이 아니라 사회적 계약도 이러한 대리인 관계가 설정되어 있다. 본래 인류가 지구상에서 인간의 무리를 이루고 살기 시작하면서, 서로 사이좋게 어울리고 나누며 살기보다는 서로 싸우고 정복하는 과정을 반복하면서 지배–피지배의 관계를 형성하여 왔다.

서양사를 중심으로 볼 때 이러한 지배와 복종의 관계가 중세에 이르러 극성을 이루다가 근대로 넘어오면서 다양한 모습으로 변화하기 시작하였다. 단순히 무력과 재력만으로는 소수가 다수를 지배하는 데 어느 정도 한계가 노정될 수밖에 없었고, 사회를 지배하는 새로운 논리가 필요했던 것이다.

종교개혁과 프랑스 시민혁명을 거치면서 천부인권론과 사회계약론 등 근대 계몽사상으로 일컬어지는 일련의 생각들이 새로운 사회의 구성 원리로 정착되었고 이러한 사상과 이념을 토대로 현대 민주국가가 형성된 것이다.

초등학교 시절부터 여러 차례 배워왔던 이 말들을 간략하게 정리해 보면, 본래 사람은 누구나 자기 삶에 대한 신성불가침의 절대적 결정권을 가지고 있고, 그 권리를 마음껏 펼칠 수 있어야 한다. 그런데 여러 사람들이 함께 모여 살다보니 서로의 권리가 충돌하여 타협하고 조정해야할 일들이 생겼고, 함께 살아가다보니 해결해야 할 새로운 일들도 생겨났다는 것이다.

그러나 각자 생업에 바쁜 사람들이 함께 살아가기 위해 필요한 공동체의 일이나 갈등의 조정을 직접 수행할 수 없기 때문에, 그리고 세상이 발전하면서 그런 일들이 나름대로 전문성과 효율성을 필요로 하게 되었기 때문에, 대리인을 선정하여 자신의 권리를 위임하여 주고 필요한 비용도 부담해 주면서 일을 시킨다는 것이다.

사람들이 권한을 행사할 대리인으로 공직자들을 선출하고, 선출된 공직자들이 모든 일을 자신이 직접 다 수행하기 어려워, 위임받은 권한의 일부를 다시 위임하여 일을 시키기 위해 뽑은 사람들이 바로 공무원들이다. 이는 민법의 본인과 대리인, 대리인과 복대리인의 관계와 유사하다.

결국 사회계약의 원칙에 의하면 권한의 본래 주인과 비용의 부담자는 시민이며, 복대리인인 공무원들은 본래 권한의 주인인 본인, 즉 시민을 위해 일해야 하는 것이다.

물론 엄밀하게 말하면, 공무원은 민법상 대리인이 아니므로 그들의 행위를 '권리' 행사라 하지 않고 '권한' 행사라고 하는 것이 적절하다. 그리고 공무원의 권한은 오직 타인(시민)을 위하여 행사되어야 한다. 그런데 공무원들이 그 권한을 마치 자신의 권리인양 착각하는 경우도 종종 있다.

현실에서는 권한을 위임받은 사람들이 그 권한과 돈이 마치 본래부터 내 것이었다거나 본인을 위해 고용된 복대리인들이 본인이 아닌 대리인을 위해 일하는 것을 당연한 것으로 생각하는 경우가 많다. 심지어 권한과 비용을 부담한 주인들이 오히려 그 권한과 비용을 휘두르는 사람들에게 핍박받는 경우까지 발생하고 있다.

중앙정부이던 지방정부이던 현대국가의 구성 원리는 자명하다. 우리는 아주 어린 시절부터 여러 차례 배워 온 그 쉬운 원칙들을 종종 잊어버리는 것 같다.

모든 공직에 관련된 권한과 예산의 주인은 시민이다. 시민이 없다면 공직의 존재 자체도 의미가 없다.

2010년 10월

지방자치는 진정한 민주주의의 상징이다

지난 선거에서 당선된 선량들의 선거법 위반 문제가 불거지는 모양이다. 이는 치열한 선거과정에서 '무조건 이기고 보자는 식'의 선거운동이 낳은 부작용이라 할 수 있다. 성급한 이들은 벌써부터 보궐선거를 운운하기도 하고, 나름대로 출마의사도 표현하는 모양이다. 때문에 지난 선거의 후보를 따라 편을 들었던 사람들 가운데는 새로운 편가르기를 위해 판세도 분석하고 분위기도 엿보는 것 같다.

지방자치의 근원은 생활자치이다. 몇몇 개인이나 집단의 영달이나 이권 또는 명예를 위해 있는 것이 아니다. 그런데도 불구하고 지방자치의 근본을 잊은 사람들이 '자기들이 아니면 안된다는 식'의 사고를 하고, 지방자치를 이권중심의 패거리 정치판으로 만들고, 지역사회를 분열시키고 있다.

‘누가 되어야 승진을 하고, 가고 싶은 자리에 가고 하는’ 현상은 비단 공무원들에게만 나타나는 현상이 아니다. 자치단체 유관기관이나 지역 내 일부 중소기업과 상인들까지도 갖고 싶은 이권이나 하고 싶은 일을 확보하기 위해 줄서기에 나서는 모양이다. 때문에 지역사회의 분열과 부패 구조의 일반화가 급속히 진행되고 있다. 이러한 현상을 못마땅해 하는 사람들은 지방자치 폐지론을 주장하기도 하다.

우리의 지방자치는 1950년 시작되었다가 1960년 5.16 군사정변으로 중단되었고, 1987년 민주화로 인해 제6공화국 헌법에 명시되었으나 법률유보를 통해 시행하지 않고 차일피일 미루던 것을, 학계와 시민들의 끊임없는 주장으로 1991년에 와서야 가까스로 부활된 것이다.

지방자치는 민주주의의 상징이라 할 수 있다. 지방자치를 포기하는 것은 우리의 민주주의를 절름발이로 만들자는 것과 다름이 없다. 우리의 지방자치제가 급격한 부활과정에서 일부 제도구성의 문제가 없는 것은 아니지만, 지금까지 나타난 지방자치의 문제점은 제도의 측면보다는 운영상의 잘못과 사람의 문제가 더 큰 원인으로 알려져 있다.

지방자치의 근본취지 그대로 주민생활의 문제를 결정하고 해결하기 위한 공론의 장을 열어 주민들과 함께 논의하고 함께 실천하면서 지역을 발전시켜 나가는 과정 속에서 선거가 이루어지고 지역의 대표가 선출된다면 흑색선전도, 후보자 비방도, 금품살포도, 이권약속도, 과도

한 선거비용도 없을 것이다.

지금부터라도 올바른 지방자치와 지방선거의 정착을 위해 공론의 장을 펼쳐 함께 결정하고 함께 실천하는 민주 정치 문화가 형성되어야 한다.

2010년 12월

지방자치의 권력구조와 민주통제

제5기 지방자치단체장이 취임하고 지방자치의 새로운 시대를 열게 되었다. 지방자치단체장은 1995년부터 선출되었지만 지방의회가 1991년 부활되었으므로 벌써 지방자치 20년의 세월이 쌓였다.

우리나라 지방자치제도 하에서 지방자치단체장은 매우 큰 권한을 갖는다. 물론 이를 견제할 제도적 장치가 마련되어 있지만 그 장치가 제대로 작동하지 않을 때는 무소불위의 권력을 휘두를 수도 있다.

자치단체장의 권한을 견제하는 가장 중요한 장치가 지방의회이다. 그런데 지방의회의 구성이 자치단체장과 같은 정당으로 편중된다면, 국회의 다수 여당처럼 지방의회의 견제기능은 약해지기 쉽다.

그동안 전국에서 적지 않은 자치단체장들이 비리혐의로 구속되었다. 심지어 도주하거나 자살한 자치단체장까지 있었다. 이들이 풀뿌리 민주주의를 악용해서 시민들을 기만하고 수탈하는 행위를 벌였기 때문이다. 이들의 행동을 보면, 마치 20세기 초 미국의 지방보스(BOSS) 정치시대를 연상케 하고 있다.

지역 내 경제적 기득권 세력과 관료들이 지역정치인들과 결탁하여 일종의 카르텔을 형성하고, 정치적 · 경제적 기회를 독점하였던 시대의 미국과 비슷한 형태의 지방 정치 권력의 구조가 나타나고 있다. 공무원의 선거개입과 승진 · 보직의 거래 행위나 지역 기업인들의 선거운동과 사업상 특혜의 거래 행위가 그렇다.

심지어 승진이나 채용을 미끼로 금품을 수수하는 매관매직 사건마저 발생하고 있다. 다행이 우리 지역에서 이 정도의 사건이 발생하지는 않았지만, 앞으로도 전혀 발생하지 않을 것이라는 보장은 없다.

결국 통제받지 않는 권력은 부패하게 마련이다. 절대적으로 집중된 권력은 절대적으로 부패하게 된다는 말이 있다. 고양이에게 생선을 지키라 해 놓고 자리를 비우면 고양이가 생선을 지키겠는가? 먹겠는가? 고양이나 사람이나 의지만으로 될 수 없는 부분도 있다. 자치단체장 스스로 반성하고 발전해 나가야 하겠지만, 민주적 견제와 통제가 절대 필요하다. 이는 시민의 관심과 참여에 의해서만 이루어질 수 있다.

이번 선거에서 보통 시민과 2~30대의 힘을 보여주었듯이, 민주적 견제와 통제에서도 이들의 관심과 참여가 필요하다. 특히, 지금 충주시의 경우 도지사-시장-도의원-시의원이 하나의 조직에 편중되어 있다. 한 개 조직의 의사가 마치 시민의 뜻으로 비춰지거나 시정으로 결정될 수도 있다.

지금 우리는 절대 권력을 견제하기 위해 힘을 보여주고, 다시 그 견제세력을 견제해야 할 상황에 놓여 있다. 지금 우리는 우리의 힘으로 선출한 권력을 통제해야 하는 민주통제의 시험대 위에 있다고 할 수 있다. 시민의 힘은 중단 없이 지속적으로 발휘되어야 한다.

2010년 6월

지방의원과 의정참여

우리나라의 지방의회는 1991년 부활된 이후 벌써 20년의 세월이 쌓였다. 지금, 지방의회 무용론까지 제기되고 있는 것을 보면, 그동안 지방의회가 시민들에게 얼마나 많은 실망을 주어왔는가 가늠해 볼 수 있다.

특히 지난번 지방의회는 2006년 실시된 지방의원 유급제로 인해 기대가 컸던 만큼 실망도 컸던 것 같다. 기초의회를 예로 든다면, 어느 도시의 의원들은 해외연수와 관련된 사건을 일으키기도 했고, 음주운전이나 이권개입과 같은 물의를 일으킨 의원들도 있다. 심지어 현직의원이 구속되는 일도 있었다.

의정 활동 기록을 보면, 유급제로 인해 월급을 받아서인지 모르겠으나, 지난 의회가 의원발의 횟수나 시정질의 횟수와 같은 양적인 성과는 이전의 의회보다 다소 향상되었다. 방법이나 진정성의 문제가 있기는 하지만 그래도 다른 의회보다 열심히 하려 했던 것은 사실로 보인다.

그런데도 지난 의원들의 재선율은 그리 높지 않다. 특히 물의를 일으켰던 의원들은 모두 낙선했다. 시민들이 단지 가시적 성과만을 보고 평가하지는 않는 것 같다.

시의원들에 대한 주민과 공무원의 여론조사에서 가장 중요시하는 것은 도덕성과 자질문제였다. 이번 의회도 이러한 결과를 깊이 받아들여야 할 것이다. 점차 개선되고는 있지만 아직까지 지방의원들의 자질은 그리 높은 편은 아니다. 더욱이 지방의회를 견제할 제도적 장치가 없는 우리나라 지방자치의 제도적 한계도 문제이다.

여기에서 지방의회의 도덕성을 확보하고 자질을 보완할 수 있는 지역사회의 역량이 요구되는 것이다. 이러한 지역사회의 역량은 시민들의 지방의회에 대한 관심과 참여에서 비롯된다. 의회도 문을 열고 뜻있는 시민들과 함께 대화하고 토론하면서 의정활동을 펼쳐나가야 한다. 이러한 의정 거버넌스를 통해 지방의원들의 도덕성이 확보되고 자질이 보완될 수 있으며, 지방자치단체장에 대한 견제 역량도 확대될 수 있다.

시민 자신의 권익을 지키기 위해서는 시민이 직접 나서야 한다. 실망스럽다고 기피하면 자기의 권익을 지켜줄 사람은 없다.

2010년 6월

지방의회 보좌관제도

지방의원의 자질문제는 1991년 지방자치가 다시 시작될 때부터 계속 지적되어 왔다. 얼마 전 경기도 어느 시에서 주민센터 직원이 자신을 알아보지 못한다는 이유로 한 시의원이 신과 가방을 벗어 던지는 등 행패를 부렸고, 이러한 장면이 CCTV에 고스란히 촬영되어 언론에 공개되었다.

이 사건을 계기로 소속 시의회에서 문제의 의원을 제명하려 하였으나 의결정족수 미달로 부결되었다. 의원들은 탄핵도 되지 않고 징계하기도 쉽지 않다. 지난달 여대생 성희롱 사건을 일으킨 모 의원의 제명안이 국회 윤리위원회를 통과하였지만, 의결종족수 2/3인 본회의 의결을 통과할지는 미지수이다. 개헌안 의결정족수 수준인 국회의원 해임안이 통과된 적은 한번도 없기 때문이다.

지방의원에 대한 징계 역시 마찬가지이다. 이번 사건에 대한 징계는 엉뚱하게도 해당 주민센터의 동장에게 돌아갔다. CCTV 자료를 피해를 입은 직원의 아버지에게 주었다는 이유로 인사상 불이익을 받았기 때문이다.

사실상 우리나라의 지방자치제도 하에서 지방의원을 견제할 장치는 거의 없다고 할 수 있다. 더욱이 유력 정치인을 중심으로 형성되는 지방정치구조 하에서는 정치적 기득권자들의 관계 구조가 일종의 카르텔 역할을 하기 때문에 더욱 어렵다. 또한 지방정치구조에서 여당과 야당은 중앙정치권의 여당과 야당의 관계와는 다르다. 지역의 정치구조에서는 자치단체장이나 국회의원을 중심으로 여·야가 나누어지거나 지역의 정치적 성향을 기준으로 나누어지기 때문이다.

토착지역일수록 이러한 여·야 분리의 특성은 더욱 강하게 나타나고 있다. 그래서인지 일부에서는 자치단체장은 제왕적으로 군림하고 있고, 지방의원은 특별히 하는 일 없이 문제만 일으키고 있어도 말릴 방법이 없다며, 차라리 지방자치를 폐지하자는 주장까지 하고 있다.

이러한 가운데 지방의원들 스스로 유급보좌관을 두려는 움직임이 있다. 경기도의회가 지방의회 사무처 직원의 인사권독립과 유급보좌관에 관한 조례를 통과시켰고, 전국 시도의회의장협의회가 이를 지원하고 있다. 이 조례를 경기도가 반대하자 현재는 법정공방 중에 있다. 지방의회 사무처 직원들의 인사권 독립과 유급보좌관 제도도 1991년 지방자치가 다시 시작될 때부터 계속되어온 문제이다.

자치단체장을 제대로 감독하고 지방의원의 부족한 역량을 보완하기 위해서 지방의회 사무처 직원의 인사권을 독립시켜야 하고, 전문성이 있는 보좌관이 필요한 것은 사실이다. 그런데 이 보좌관 제도가 지방의원의 무능을 보완하게 될 지, 아니면 정치적 무직자들을 지방의회로

끌어들여, 견제할 수 없는 지방의원들에게 더 큰 전횡의 날개를 달아줄지는 알 수 없다. 그러나 역기능이 두려워 기대되는 많은 순기능을 포기할 수는 없다.

2011년 6월

수렴청정

요즈음 측천무후와 관련된 영화가 수입되는 모양이다. 측천무후는 중국 당나라 고종의 황후로 어린 아들을 내세운 수렴청정과 정치적 야욕으로 유명하다. 그녀는 결국 스스로 황제의 자리에까지 올랐다.

수렴청정은 왕이 어리거나 병환이 있어 정상적인 정무를 볼 수 없을 때 주로 왕의 어머니나 부인에 의해 행해진 섭정을 말한다. 우리나라에서는 조선말기 어린 고종을 대신한 대원군의 섭정이 대표적이다. 고구려 제6대 태조왕이 여섯 살에 즉위하자 그 어머니가 수렴청정한 것을 시작으로 신라, 고려, 조선을 거치면서 역사상 열다섯 번 정도의 수렴청정이 있었던 것으로 파악된다. 역사적으로 수렴청정은 선정을 베풀었다기 보다는 정치적 혼란을 야기하고 많은 사람들의 고통과 희생을 초래했던 것으로 보인다.

그런데 얼마 전부터 현대판 수렴청정이 나타나고 있다고 한다. 지방선거에서 공천권을 가진 사람들이 공천을 받아야 할 사람들을 대상으로 수렴청정 내지 섭정을 하고 있다는 것이다. 심지어 자치단체장 부인들에 의한 수렴청정도 거론되고 있다.

각 당에서 공천권을 가진 지구당위원장이나 도당위원장이 다음 선거의 공천을 담보로 자치단체장이나 지방의원들에게 특정 정책이나 사업의 시행을 요구하고 있다는 것이다. 심지어 사업 발주나 인사 특혜의 우려마저도 있다고 한다.

민주주의와 지방자치의 정신이 살아있는 한, 자치단체장이나 지방의원들은 시민들의 고유한 권리를 위임받은 신성한 위치에 있는 사람들이다. 그 권한과 지위는 타인에 의해 훼손되거나 위협받아서는 안된다. 그것은 시민 전체의 권리를 훼손하거나 위협하는 것이 되기 때문이다.

현행법상 정당공천과 선거제도가 그렇게 되어 있고, 유력 정당의 공천을 받아야 당선 가능성이 높아진다 하더라도, 공직에의 출마는 신성불가침의 시민 권리와 그 대표로서의 지위를 고스란히 지켜낼 것을 약속하는 행위이다.

현대 사회가 아무리 실리와 실용을 중시하더라도 정치는 그에 앞서 정의와 진실이 실천되어야 하고, 시민과의 약속이 우선되어야 한다. 바른 길을 버리고 약은 수단만 좇다가 돌이킬 수 없는 잘못을 저지른 예는 수도 없이 많다. 이는 자신만이 아니라 가족을 포함한 시민 모두를 불행하게 만드는 것이다.

지난 지방선거에서 공천 관련 위협을 과감히 거부한 자치단체장들도 있었다고 한다. 그 용기있는 결단에 박수를 보낸다. 시민들은 항상 그런 훌륭한 결단과 약속을 실천하는 지도자를 기다리고 있다.

2010년 10월

지방자치단체의 세금낭비를 막자

지금까지는 많은 정치인들이 자신의 과오에 대해 정치적 책임을 지겠다는 말로 책임을 회피해 왔다. 정치적 책임을 지면 혈세를 낭비한 경제적 책임마저도 면책되는 것처럼 여겨왔다. 그런데 최근 자치단체장의 실정에 대해 대법원이 유죄판결을 하였고 감사원은 그 손해를 배상하라는 명령을 내렸다. 자치단체장의 잘못된 행정에 대한 구상권이 청구된 것이다.

2004년 나주시장이 대규모 화훼생산단지를 조성하도록 보조금 12억원을 두 차례 지급하였는데, 그 과정에서 중금속으로 오염된 토지와 보조금 지급대상자의 무자격 등의 문제가 밝혀졌음에도 불구하고 2차 보조금을 계속 지급하였다는 것이다.

터무니없는 행정에 대해 항의하는 한 농민의 고발로 시작된 소송이 대법원까지 가서 유죄로 확정되었고, 이를 근거로 감사원이 국고보조금 7억1000만원을 나주시에 배상하도록 명령을 내렸다. 나주시는 다시 전 나주시장과 공무원들에게 구상권을 행사하기로 하였다는 것이다.

그동안 많은 자치단체장들이 자신의 선거에 도움이 되었거나 선거에서 유리한 상황을 만들기 위해 여러 단체와 개인들에게 보조금을 지급해 왔다. 자신의 치적을 쌓고 홍보하기 위해, 그래서 재선에 보탬이 되기 위해 불필요한 행사를 개최하여 혈세를 낭비해 온 사례가 적지 않았다.

이러한 행정행위의 과오와 혈세낭비의 문제는 우리 지역에서도 오랫동안 우려되어 온 문제이다. 우리 지역에서 시행되고 있는 축제 행사들이 자치단체장 치적 쌓기가 아니냐는 눈치와 예산이 낭비될 수 있다는 비판을 함께 받아 온 것도 사실이며, 보조금과 관련하여 여러 문제가 불거졌던 것도 사실이다.

주민들이 혈세를 지켜달라고 뽑아놓은 의원들은 자치단체장에 대한 감시와 견제보다는 지역구 챙기기를 통한 자기 재선 가능성 높이기에 더욱 몰두하고 있다. 심지어 자치단체장이나 국회의원들과 동반자처럼 예산나누기를 하는 사례도 있는 것 같다.

결국 자신의 혈세를 지킬 사람은 주민 스스로인데 그것이 현실적으로 쉽지가 않다. 우선 순수한 의지가 있다 하더라도 개인적으로 정보공개 절차를 밟기가 쉽지 않을 뿐만 아니라 예산서와 결산서를 해석해 낼 지식을 갖추기가 쉽지 않기 때문이다.

그래서 예산 감시를 위한 주민조직이 필요한데, 중앙의 시민단체들이 오래전부터 예산 감시운동을 전개해 왔으나 큰 성과가 알려져 있지 않다. 우리 지역에서도 여러 차례 시민단체나 포럼 등의 구성을 시도하거나 실제로 구성되기도 하였으나, 정치적 중립성 내지 의도의 순수성 등이 문제가 되어 제 역할을 다하지 못한 경우가 있었다.

어떤 지역에서는 용기 있는 한 농민의 의분이 자치단체의 혈세 7억 여원을 지켜낼 수 있었다. 우리 지역에서도 진정한 의지와 용기 그리고 끈기 있는 시민이 그립다.

2011년 6월

지역 축제

최근 지역마다 갖가지 축제를 벌이느라 한창이다. 심지어 같은 지역에서 여러 개의 축제가 동시에 열리기도 한다. 지난 7~80년대에는 지역 축제가 이렇게 흔하지 않았던 것 같다. 지역마다 한 해 동안 엄선된 대표적인 축제 한두 개를 중심으로 치러왔었는데, 90년대 지방자치가 시작되면서 각 지역이 서로 경쟁적으로 축제를 유치하여, 90년대 중반에 벌써 전국적으로 3,000여개의 크고 작은 지역축제가 개최되고 있는 것으로 조사되었다.

그 후, 십 수 년이 지나면시 지역축제는 성공이라기보다는 정체와 답습 심지어 퇴보하는 경우가 적지 않은 같다. 지역 간의 지나친 경쟁, 차별화되지 못한 아이템과 진행방식, 천편일률적인 난장이나 야시장의 행태 등 바람직하지 못한 여러 모습들이 축제에 대한 비판의 소리를 키워온 것 같다. 심지어 세계적인 수준의 축제라는 명칭에 걸맞지 않게 결코 세계적이지 못한 축제가 해마다 세계대회라는 명칭으로 반복하여 개최되고 있는 사례도 적지 않다.

10여 년의 세월동안 성공의 궤도에 오르지 못한 축제는 해가 거듭될수록 예산낭비와 기회비용의 상실이 누적될 것이다. 잘못된 정책의 반복으로 잃어버리는 것은 단순히 예산만이 아니라 집행에 소요되는 행정력과 그에 수반되는 일반경비 그리고 기회비용까지 합하면 가히 엄청난 액수가 될 수 있다.

무엇보다 정말로 가슴 아픈 것은 기회의 상실이다. 지역의 문화와 특성에 걸맞고 꼭 필요한 그리고 미래적 가치를 충분히 담보할 수 있는 소재가 일부 힘 있는 사람들의 이해관계에 얽혀 묻혀버리고 마는 것이다. 지역민 모두가 함께 즐겨야 할 축제가 일부 정치인의 과시를 위한 성과물이거나 선거운동의 장으로 변질되어서는 안된다.

세계적으로 성공한 축제는 그 지역의 자연자원이나 문화적 요소에서 자연스레 우러나온 소재이거나, 지역민 모두가 하나 되어 오랫동안 즐겨온 놀이문화가 우연히 세계적인 관심을 끌면서 세계화된 것이다.

억지로 꾸미고 만들어서는 세계적인 축제로 성공하기 어렵다. 지역의 자연과 토착 문화 속에서 우러나와 지역민 스스로가 좋아하고 즐기는 그 지역만의 소재부터 찾아야 한다.

2010년 10월

전통시장

얼마 전, 어느 전통시장에 갔다가 이상한 광경을 목격하게 되었다. 비교적 좁은 골목이기는 하지만 엄연히 아스팔트가 깔려있고 주차선 표시가 되어져 있는 공간에 주차하려는 사람과 자기 집 옆이라 주차할 수 없다는 사람이 다투고 있었다.

한편은 사유지라며 함부로 주차할 수 없고, 자신에게 양해를 구하거나 허락을 받아야만 한다는 주장이었고, 다른 한편은 가게 앞도 아니고 엄연한 주차공간으로 그려져 있는 곳에 왜 주차할 수 없냐며, 개인 주차공간이라면 왜 상호나 차량번호 등 사적인 표시를 해 놓지 않았냐는 주장이었다.

누가 보아도 공적 주차공간이어서 사적인 표시를 해놓을 수 없었을 것으로 보였고, 엄연한 도로에 주차를 할 수 없다면 누가 이 지역에 와서 물건을 살 수 있겠는가 하는 생각이 들었다.

누구든 그 지역에 와서 주차를 하려는 사람은 그 지역에 볼 일이 있는 사람일 것이고 그 지역이 상업지역이라면 당연히 어느 가게에서든 물건을 사려고 온 것일 것이다. 주차문제 때문에 한 가게에서 일을 보고 급히 그 시장을 떠나야 한다면 문제가 있다.

장보기란 이것저것 천천히 물건을 구경하다보면 구매의욕이 생기기도 하고, 흥정도 하다 보면 계획되지 않았거나 당장 필요하지 않은 물건도 적절한 가격에 미리 장만해 두곤 하게 되는 것이다. 시중의 마트에 가보면 이동통로에까지 물건을 전시해 놓고 심지어는 계산대 옆에까지 선호할 만한 물건들을 전시해 놓고 구매를 독촉하고 있다.

주차공간이 부족한 상황에서 손님보다 주인들의 차가 주차 공간을 차지하고 있거나 자기 가게 앞에는 자기 손님만 주차를 해야 한다면 같은 시간에 겨우 한두 명의 손님만 받아야 하고, 주차공간이 없는 가게는 손님받기가 더 어렵다는 얘기가 된다.

상대적으로 어려운 환경에 있는 전통시장에서 이런 식의 시장 운영은 결국 서로가 서로의 손님을 쫓아내고 있는 격이다. 몇 해 전 자치단체에서 큰돈을 들여 주차시설도 늘려 놓고 비 맞지 말라고 아케이드도 씌워주고 심지어 유료주차장을 무료 개방까지 하였는데도 정작 시장 안에는 주차 할 공간이 없고 주차할 만한 곳에서도 주차를 거부당하기도 한다.

'재래시장살리기운동'이 시작된 지 10여년이 훨씬 넘었다. 정부와 자치단체의 적지 않은 예산이 투입되었다. 그런데 아직까지 재래시장이 살아났다거나 나아졌다는 말은 들어보지 못했다.

전통시장이 시대변화에 따른 구매자의 기호 변화를 쫓아가지 못하는 측면도 있겠지만, 전통시장 상인 스스로가 손님을 불편하게 하는 측면은 없는지, 스스로 손님을 내쫓는 격이 된 적은 없는 지 되짚어 보아야 한다.

전통시장이 스스로 살아남기 위해서는 서로를 고쳐주고 격려해서 보다 편리하고 친절한 시장문화를 형성하도록 해야 한다. 하루 벌고 말 것처럼 장사해서는 더 이상 신용을 무기로 하는 경쟁사회에서 살아남을 수 없다.

재래식 물건을 재래식 상술로 팔아서는 21세기에 걸맞는 융성한 시장을 형성하기 어렵다. 전통의 물건과 문화를 현대식 경영방식으로 거래할 때, '전통시장'이라는 명칭이 뜻하는 의미 그대로 진정한 전통시장이 될 수 있다. 이를 위해서는 올바른 상인정신과 친절한 시장문화의 형성이 우선되어야 하는 것이다.

2010년 10월

로드 킬(Road Kill)

얼마 전, 야생 멧돼지가 달리는 자동차와 충돌하여 교통사고를 냈고, 조류독감이 나타났고, 어떤 항생제로도 막을 수 없다는 슈퍼박테리아도 나타났다. 그리고 지금은 구제역이 전국적으로 확산되는 분위기이다.

이제 인간에 대한 재앙은 인간 스스로와 인간이 사육하는 가축은 물론 야생 조수들로부터도 야기되고 있다. 인간과 어울려 살아야 할 자연의 생명들이 인간을 위협하는 존재가 된 데는 자연보다는 그 섭리를 깨뜨린 인간의 잘못이 더 클 것이라는 생각이다. 따라서 인간은 자연과 더불어 건강한 삶을 공유할 수 있는 방안을 찾아 실천해 나가야할 의무가 있다.

우리 생활에 자동차가 중심이 되면서 교통사고가 빈번하게 일어나고 있다. 교통사고로 인해 인간만이 아니라 동물들까지 희생되고 있다. 사람이 다치면 구급차가 달려와서 응급처치를 하고 신속하게 병원으로 후송을 한다. 그런데 동물들이 사고를 당하면 그냥 방치해 두는 경우가 허다하다.

그냥 방치해두는 정도가 아니라 뒤따라오는 차들에 의해 수없이 치이고 받혀서 먼지가 되어 사라질 때까지 그냥 내버려 두고 있다. 정말 잔인한 인간의 모습이다. 생명 존중을 이야기하지 않더라도, 만약 그 희생된 동물이 치명적 전염병을 보유하고 있었고, 그 동물의 시신이 부서져서 먼지가 되어 비산될 때 지나가는 모든 차량과 승객들에게 병원균을 전염시킨다면, 죄 없는 사람들이 얼마나 고통을 받을 것이며, 그 책임은 또 누가 져야 하는가? 그리고 그럴 가능성이 전혀 없다고 누가 자신 있게 말할 수 있겠는가?

지금부터라도 교통사고를 당한 동물들에 대한 빠른 처치와 치유 그리고 사고현장에 대한 정리가 신속하게 위생적으로 이루어져야 한다. 그리고 이러한 일은 당연히 국가나 지방자치단체가 해야 할 일 중 하나이다. 이들은 주민의 편안하고 건강한 생활 여건을 조성하기 위해 존재하기 때문이다.

교통사고를 당하는 동물들은 야생조수들 외에도 유기동물들이 상당수를 차지하고 있다. 특히 먹을 것이 부족한 겨울철에는 더 많은 유기동물들이 위험에 노출되어 있으며, 이들은 다시 어린이와 노약자들에 대한 위험요소가 되기도 한다.

유기동물들을 포획하고 치료하고 관리하는 일도 당연히 국가와 지방자치단체의 몫이다. 이러한 일들은 생명존중사상을 실천하는 일이며, 도시를 아름답게 만드는 일이기 때문이다. 아무리 아름다운 꽃길을 만들어 놓아도 피범벅이 된 아스팔트 위에서는 그 아름다움을 느낄 수 없기 때문이다.

돈 들여 꽃길을 가꾸기 이전에, 건강하고 쾌적한 도로 공간을 만드는 일이 우선되어야 한다.

2010년 12월

상습 수해

지금 장마전선의 영향으로 많은 비가 예상되고 있다. 해마다 7월이면 비가 오고 수해가 발생하고 있다. 매년 발생하는 수해는 새로운 곳에서 발생하기보다는 이미 발생했던 취약지에서 재발하는 경우가 더 많다. 동절기, 갑작스런 눈으로 인한 상습 교통사고 발생지역이 있듯이 말이다.

사실상 많은 재난들이 갑자기 새로운 형태로 나타나기 보다는 이전에 발생했던 재난이 같은 장소, 같은 형태로 재발하는 경우가 더 많다. 이는 많은 재해가 사전에 그 예측이 가능하고, 예방할 수 있었다는 말이 된다. 결국, 많은 재난들이 천재지변이라기보다는 인재라고 해야 할 것이다.

이렇듯 사전에 예방할 수 있었던 재난으로 인해 많은 생명과 재산의 피해가 속출하고 있다. 미리 예측하고 대비하면 많은 희생과 손실을 방지할 수 있다. 재난이 발생할 때를 대비하여 인명구조와 피해 복구에 대한 준비를 철저히 해야 함은 당연한 일이지만, 그 보다 먼저 예방에 소홀함이 없어야 한다.

그런데 우리 사회는 예방에 신중하여 아무런 사고가 발생하지 않았을 때, 그 공로를 별로 인정하지 않는 풍토인 것 같다. 공격에 실패한 장수는 용서해도 방어에 실패한 장수는 용서할 수 없다는 말이 있다. 지키는 일이 가장 중요하다는 뜻일 것이다. 따라서 방어에 성공한 장수야 말로 그 공로를 가장 크게 인정해 주어야 한다.

몇 해 전에 어느 공무원이 쉬는 날임에도 불구하고 장맛비 속을 돌아다니며 피해 예상지역을 조사하다가 빗길에 미끄러져 사고를 당한 적이 있다. 공무를 수행하다가 입은 피해이므로 포상과 보상은 당연한 일이라 생각하기 쉽다. 그런데 그 공무원은 아무런 인정을 받지 못했을 뿐만 아니라 차량 수리비마저 자신이 부담해야 했다.

재난에 대한 예방 행정이 정착되기 위해서는 재난 예방에 대한 공로가 인정되는 제도와 문화가 먼저 마련되어야 한다. 안전을 유지한 공로를 인정받지 못하는 풍토는 바람직하지 않다.

전쟁이 있어야 영웅이 탄생한다고 했지만, 평화를 유지한 장수가 진정 위대한 존재임을 깨달아야 한다. 평소에 우리의 안전을 유지하기 위해 노력하는 많은 분들의 소중함을 인정하는 문화가 정착되어야 한다.

일단 재난이 발생했을 때는 신속한 구조와 피해복구가 가장 중요하지만, 평소에는 재해를 사전에 예방하고 대비하는 것이 더 중요하고 잘하는 일이다. 따라서 재난 예방에 성공한 공무원에 대한 포상이 제도화되어야 한다.

2010년 6월

재난, 사전 대비와 상시 대응

지난 주 수도권과 중부지방에 시간당 10㎜가 넘는 물폭탄이 쏟아져 한마디로 물난리가 났다. 서울 강남의 우면산에 산사태가 발생해 주택과 아파트가 붕괴되고, 남부순환도로 8차선이 흙더미에 파묻혔을 뿐만 아니라, 강남역 일대와 광화문 일대 등 도심 곳곳이 침수되었고, 춘천의 산사태로 인해 봉사활동 중이던 대학생을 포함하여 전국적으로 68명에 이르는 사람들이 다치거나 목숨을 잃었다.

안타까운 인명과 재산 피해는 이틀간 461㎜의 갑작스런 폭우로 인한 천재라기보다는 이를 키운 인재라는 시각이 많은 것 같다. 저지대인 강남지역의 난개발로 녹지가 부족하고 경사도가 낮아 치수가 어려운 실정이고, 우면산의 난개발공사는 산을 깍으면서도 토사 방지나 급류 처리시설조차 제대로 마련하지 않았다는 것이다.

또한 공사 후 베어놓은 나무를 치우지 않고 쌓아 두어 물의 흐름을 막아 오히려 피해를 키우고 말았다는 것이다. 더욱이 서울시가 지난 5년간 수해방지 예산을 10분의 1로 줄여 책임론이 제기되고 있다. 이러한 무사안일한 태도가 피해를 증폭시켰다는 주장이다.

심지어 우면산에서 지뢰가 유실되어 어디로 흘러갔는지도 모른다고 한다. 수많은 사람들이 오가는 예술의 전당에서 10분 거리에 지뢰지대가 있었다는 사실만으로도 경악을 금치 못 하는데, 유실된 지뢰를 찾지도 못한다니, 도심 한복판에서 지뢰가 폭발할 수도 있는 상황을 어쩔 것인지…. 그런데도 군인과 소방관들은 지뢰에 대한 안전조치도 없이 재해 복구에 투입되고 있는 상황이다. 도대체 안전 불감증이 어디까지인지 절로 한 숨이 나왔다.

이러한 재해에 대한 인재의 문제는 오래전부터 반복되어 왔다. 그런데도 바로 잡히지 않고 있는 것은 피해의 원인을 제공한 자들에 대해 우리 사회가 너무 관대해 왔기 때문이다. 현재 수해 등으로 인한 피해의 경우, 피해자에 대한 직접적인 가해 행위가 아니고 간접적인 원인 행위여서 처벌 수준이 매우 낮게 되어있다.

또한 피해상황이 종료되고 나면 빠른 시간 내에 사회적 관심에서 멀어지고, 사고 사실마저도 잊혀진다는 데 문제가 있다. 사태의 간접적인 원인 하나라도 제공한 관계공무원과 기업에 대해 민 · 형사상 처벌이 엄하게 이루어진다면, 이로 인해 반복되는 무사안일과 태만은 막을 수 있을 것이다.

이번 물난리의 피해를 줄인 일등공신은 정부나 방송이 아니라 트위터와 인터넷 등 소셜 네트워크 서비스라고 한다. 이러한 매체를 통해 일반시민들이 정보를 실시간으로 주고 받으면서 위험과 불편을 피할 수 있었다고 한다.

결국 천재를 줄여 피해를 막는 길은 사전에 대비하는 것이고, 무사안일한 관계자들을 각성시키는 길은 일벌백계로 다스리는 것이다. 그리고 일반 시민들을 중심으로 소셜 네트워크 서비스를 재난대응시스템으로 구축하고 상시 재난관리 및 대응 체계로 활용해야 한다.

2011년 8월

빈곤

지금 양극화 현상의 심화를 우려하고 있는 많은 국민들이 빈곤에 대한 두려움을 이야기하고 있다. 진정 우리는 가난해질 것인가? 가난해지면 얼마나 가난해지고 얼마나 불행해 질 것인가? 모두가 두렵고, 피하고 싶은 일이다.

더글러스 러미스라는 학자는 "경제성장이 안되면 우리는 풍요롭지 못할 것인가?" 라는 책에서 빈곤의 종류에 대해 이야기하고 있다.

그는 우선 전통적 빈곤을 이야기한다. 이는 자급자족사회를 말하는 것으로, 가진 것은 많지 않지만 그런대로 만족하고 사는 삶이다. 소유하고 있는 것과 요구되는 것 사이의 차이가 별로 없기 때문에 나름대로 부족함을 덜 느끼고 사는 사회이다. 남들이 볼 때는 가난하고 못사는 것으로 보이지만 그것은 남들이 보는 시각이고 자신들은 나름대로 만족하고 행복한 삶을 살고 있는 것이다.

다음은 절대 빈곤이다. 먹을 것이 부족하고, 치료할 약도 없고, 입을 옷도 없고 추운 겨울 견딜 난방 연료도 없어서 건강하지 못한 진정

가난하고 살기 어려운, 굶어죽거나 얼어 죽는 그런 불행한 상태를 말한다.

세 번째는 잘사는 부자가 옆에 있어서 가난한 경우이다. 모두가 잘살면 부자도 빈자도 없는 것이다. 그런데 잘사는 부자 옆에 있는 다수는 모두 가난한 느낌을 받게 된다는 논리이다. 절대 빈곤과 같이 그렇게 불행하지 않고 나름대로는 크게 부족함이 없는데 곁에 있는 부자를 바라볼 때 부족과 불만이 생기고 불행해지는 경우이다. 이를 상대적 빈곤이라고도 한다.

네 번째는 기술적 빈곤이다. 기술이 발달함에 따라서 새로운 필요가 발생하고 그 필요를 충족시키지 못해 빈곤이 나타나는 것이다. 오늘날 많은 종류의 가전제품들이 그렇지만 그 외에도 자동차가 그렇고, 휴대전화와 컴퓨터가 그렇다.

어느 사이에 컴퓨터 파일이 아니면 다른 사람이나 조직과 업무를 교환하기 어렵게 되었고, 자동차가 없으면 하루일과를 마치기 불편하게 되었으며, 휴대전화가 없으면 연락을 하기 어렵거나 매우 늦어지게 되었다.

더욱이 아직은 쓸만한 컴퓨터인데도 파일이 호환되지 않아서 소프트웨어를 업그레이드해야 하고, 소프트웨어가 상위버전으로 갈수록 하드웨어가 따라가지 못하게 되니까 하드웨어를 바꾸어야 하는 상태, 나의 필요에 의해서가 아니라 기업의 상업주의에 의해 자신의 도구에 불필요한 투자를 할 수밖에 없는 상황이 빈번하게 반복해서 전개되고 있다. 뿐만 아니라 상업광고에 젖어 외부 과시용으로 높은 사양의 컴퓨터나 노트북을 가지고 있다거나 최신형 자동차나 휴대전화를 구매하게 된다. 심지어 값비싼 아파트까지 빚을 얻어 마련하기도 한다.

필자 자신도 몇 년 전에 노트북 컴퓨터를 하나 장만하였는데 정말 비싼 값에 사는 바람에 아끼고 아끼면서 잘 모셔 두었다가, 두어 해쯤 지나 이제라도 잘 써보려고 꺼내 보니 이미 오래된 사양이라 제대로 활용도 못하고 다시 사야하는 황당한 상황을 겪기도 하였다.

우리가 두려워해야 할 빈곤이 정말로 북한이나 제3세계의 굶주림처럼 절대적 빈곤인지 아니면 상대적 빈곤이나 기술적 빈곤은 아닌지? 생각해 보아야 한다. 그리고 내 자신의 필요와 요구가 합당한 것이지 따져 보아야 한다. 이러한 꼼꼼한 판단 속에서 진정한 자기 미래를 위한 투자가 무엇인지 찾아내고 현명하고 과감하게 투자해야 한다.

나 자신의 만족과 행복은 남과 견주어서도, 상업광고에 현혹되어서도 이룰 수 없다. 더글러스 러미스에 따르면 모두가 부자가 될 수도 없으며, 모든 인간이 부자로 살면 지구가 인간의 에너지 소비와 환경 파괴를 감당할 수 없다고 한다.

2010년 8월

빚으로 사는 인생

우리나라 국민 한 사람이 지고 있는 빚이 5,556만원에 이른다고 한다. 어떤 의원이 2009년말 기준으로 사실상 국가부채가 1,637조4천억원이라고 밝혔는데, 여기에 지자체 부채증가액 15조원과 지방공사부채 46조2천억원 그리고 가계부채 801조원을 합하면 대략 2,500조원이 넘는다. 이를 우리 인구 4,500만으로 나눌 때 일인당 5,556만원의 부채가 되고 4인 가족 한가구당 2억2,220만원 정도가 된다.

보통 한 가족의 가장이 지고 있는 기본적인 빚이 평균 2억2천만원이 넘는다는 얘기다. 그런데 밝혀지지 않은 연금, 기금, 공기업의 부채까지 국민 부담으로 다가올 때는 그보다 훨씬 많아질 수 있다. 특히 국민 개인적으로 가장 민감한 부분이 가계부채인데 현재 우리나라의 가계부채 총액은 801조3900억원으로 GDP(국내총생산)의 86%가 넘는다.

지금 월 500만원을 벌어도 자녀교육비와 주택대출이자 등을 제하고 나면 생활이 빠듯하다고 한다. 주택담보대출 이자만 내는 가구가 84%

에 달하고 있으며, 상환기간 내 빚을 갚을 수 있는 가구는 61.2%에 불과하고 나머지 39%정도는 원금까지 갚게 되면 생계조차 위협받을 수 있다는 보도가 있었다. KDI(한국개발연구원)의 분석을 보면, 부채 상환 여력이 1000만원 미만이어서 경기변동에 취약한 가구가 60%에 이른다고 한다. 이들은 경기가 침체되거나 이자가 오를 경우 또는 일자리를 잃게 되면 정말 큰 타격을 입을 수 있게 될 것이다.

1955~63년 사이에 태어난 베이비붐 세대의 퇴직이 코앞으로 다가왔다고 한다. 이들은 688만명으로 전체가구의 24.4%이다. 전체적으로 2018년까지 약 712만명이 퇴직할 것이라는 분석도 나오고 있다. 이들의 70% 정도가 평균 7~8천만원정도의 부채를 지고 있고, 자산의 75%가 부동산에 편중되어 있다고 한다. 그리고 주택담보대출의 44.2%가 만기 일시 상환방식이라 소득 감소에 따른 상환압박이 매우 높은 상황이다.

한 언론과 대학의 조사에 따르면 베이비붐 세대의 60%가 자녀교육과 결혼자금 등으로 인해 노후준비가 부족한 상황이라고 한다. 그리고 이들은 퇴직 후 55세~65세까지는 연금을 받지 못해 소득이 크게 감소할 것이라고 한다.

이러한 상황을 정리해 보면, 주택대출상환의 압박과 소득 감소로 인해 퇴직한 712만명 중 상당수가 집을 팔아 빚을 정리하고 연금이 나올 때까지 생활해야 한다는 것이다. 그리고 이렇게 쏟아져 나온 주택 매물은 다시 집값을 하락시킬 것이고 집값이 하락하면 금융권의 대출회수 압박과 담보인정비율이 상승하여 더 많은 주택을 매물로 내몰게 될 것이다. 이러한 악순환이 반복되고 부동산 거품이 꺼지면 비싼 값에 마련한 집 때문에, 베이비붐 세대는 자칫하면 평생 벌어 마련한 내 집의 원금도 갚지 못하고 집을 빼앗긴 채, 남은 빚을 갚느라 초라한 노후를 보내야 할지도 모른다.

결국 국가에서 국민의 주택자금문제를 해결해야 하는데 우리 정부의 여력은 크게 없어 보인다. 오히려 잘못하다가는 나랏빚과 자치단체의 빚더미마저 국민들이 떠안아야 할지 모른다. 따지고 보면, 지금 우리는 나라도 국민도 빈털터리이고, 경제는 아슬아슬한 곡예를 하고 있는지도 모른다.

지금 우리는 경제발전으로 부유한 것이 아니라 빚더미의 경제·사회구조 위에서 부유한 척하고 있다는 사실을 빨리 깨달아야 한다. 올라가는 집값에 흐뭇하기보다는 내려가는 집값에 대비해야 하고 미래를 위해 저축해야 할 때이다.

2011년 8월

빚잔치를 끝내자

우리나라 국가부채가 884조원을 넘어섰다고 한다. 작년 GDP의 71.6%이고 국가 예산의 2.7배를 넘는다. 그 가운데 절반이 넘는 463조5천억원이 공기업과 같은 공공기관 부채이고 국가와 지방정부 부채가 420조7천억원이라고 한다. 엄청난 액수의 공공기관 부채이다. 그런데 이 부채는 지난해만 해도 60조원 이상 증가했다고 한다. 이는 정부가 예금보험공사 돈으로 부실 저축은행을 지원하고, 수자원공사가 4대강사업을 감당하는 등 여러 가지 정부정책에 공공기관의 자금을 썼기 때문이라고 한다.

그런데도 공공기관 직원들의 평균보수는 지난해보다 3.2% 인상되어 6천만원에 이르게 되었다고 한다. 부채도 자산이라고 빚을 늘리느라 수고한 만큼 내 월급도 올리려 한 것은 아닌가 싶다.

그런데 공공기관 부채뿐만 아니라 지방자치단체의 부채도 문제이다. 지방자치단체의 경우 각종 사업비와 투자비 등으로 얽혀 있어 실질적인 부채를 파악하기가 쉽지 않겠지만, 대부분 상당히 많은 액수가 될 것으로 예상하고 있다. 우리 지역의 공식적인 부채만 해도 2010년 기준 534억이 넘는 것으로 나타났다. 시 예산에 비해 10%도 안 되는 수준이라고 하지만, 이미 확정된 각종 국제대회 유치와 투자 사업으로 인해 증가할 것으로 예정된 부채도 상당할 것으로 보인다.

중앙정부도 그렇지만 지방의 경우 투자한 사업과 유치한 대회의 효과를 크게 활용하지 못하는 상황에서 시설유지를 위한 관리비만 지속적으로 들어가는 추가 부담도 적지 않다고 한다.

신자유주의 실용정부시대라고 하지만 지방정부는 밑지는 장사를 하기 일쑤이다. 지방자치단체가 밑지는 장사에 나서는 가장 큰 이유가 민선 자치단체장의 선거를 위한 과시용, 선전용 치적 쌓기 때문이라는 사실은 이미 널리 알려져 있다.

빚잔치를 벌이면 재선이 되어도 빚에 시달리고, 떨어지면 나 몰라라 하는 격이 된다. 그리고 결국 모든 빚의 책임은 시민들에게 돌아간다. 예산이 늘어도 빚이 늘어도 모두 주민들의 주머니에서 돈이 나와야 한다.

용인시의 경우 무리한 사업을 추진하다가 엄청난 빚을 져서, 1차 배상금만 5천억이 넘는다고 한다. 때문에 시청 공무원들과 시의원들의 월급과 업무추진비 등이 깎이고, 각급 학교에서는 급식이나 어학 등 교육시설 개선사업마저 포기하게 되었다고 한다.

무리한 관광시설투자로 도시가 부도났던 일본 유바리시의 경우 다른 도시보다 훨씬 더 많은 세금과 훨씬 더 적은 행정 및 복지 서비스로 인해 주민들이 떠나가 텅빈 도시가 되었다고 한다.

이제는 자치단체장의 재선은 과시용 치적이 아니라 행정서비스의 질로 승부해야 한다. 주민들도 무엇을 해놓았는가가 아니라 내 피부에 어떤 질감의 서비스가 느껴졌는가로 판단해야 한다.

2011년 5월

세상 모두가 대박을 꿈꾸는 마이너스 섬 사회, 거품은 끝났다

언제부터인가 "대박 대박" 하는 소리가 사방에서 울려 퍼지고 있다. 그동안 무심코 받아들였던 이 '대박'이라는 말이 도박용어라는 사실을 얼마 전에 알았다. 그러고 보니 우리는 대박을 쫓으며 투자가 아닌 투기를 일삼는 생활을 해온 것 같다.

한꺼번에 떼돈을 벌거나 귀중한 물건을 거의 공짜로 살 수 있다는 말이 아주 일상화된 것 같다. 인터넷 쇼핑이나 휴대전화 광고를 보면 '공짜' 또는 '1원'이라는 가격을 흔하게 볼 수 있다. 도저히 납득이 가지 않는 거래가격이다. 세상에 밑지는 장사가 어디 있다고…. 이면을 들여다보면, 사실상의 이익을 챙기기 위한 복잡한 숫자놀음이 숨겨져 있다. 결국 소비자는 외상 숫자놀음에 미래의 수익을 담보 잡혀 먹힌 셈이 된다.

우리는 주식투자를 하면서도 단기간 내에 적어도 두세 배는 되어야 성에 차는 것 같다. 부동산 투자도 그렇다. 살고 있는 집은 같은 집인데 계속 집값만 올라간다. 그래서 비싸진 집이 좋다고 한다. "팔아서 이사 갈 것도 아닌데 집값이 올라가면 세금만 더 내지 않느냐"고 반문하면, 그래도 비싼 집이 좋다고 한다.

심지어 집값이 계속 올라갈 것으로 예상하고 무리하게 대출까지 받아서 집을 산다. 그리고 번 돈은 모두 이자 갚기에 바쁘다. 심지어 대출을 받아야 이자를 갚을 지경에 이르기도 한다. 그런데 집값이 올라가지 않기 시작했다.

화투판에서 판돈을 댈 사람이 없어진 상황과 다르지 않다. 밤새도록 친 화투판에서 아침에 남은 돈을 합하면, 언제나 어젯밤에 시작한 판돈의 합보다 적다. 밤새도록 화투를 치면서 먹고 쓴 비용이 사라진 것이다. 마이너스 섬이 된 것이다.

투기성 행위의 결과는 언제나 마이너스 섬이 된다. 마이너스 섬 시장이 계속 돌아가려면 누군가 끊임없이 판돈을 대야 한다. 판돈을 댈 사람이 없어지면, 시장도 거래에 참여한 사람도 모두 망하게 된다.

집값이 오르지 않아 밑지고 팔수도 없고, 벌어서 이자 갚기도 바쁘고, 나아가 산값보다 시세가 더 떨어져서 팔아도 대출을 갚을 수 없다면, 평생을 벌어서 이자만 갚다가 마는 꼴이 될 수도 있다.

우리 사회 거품은 끝났다. 대박이 쪽박이 되기 전에 대박 놀이를 멈추어야 한다.

2010년 6월

Occupy – 전세계 공동행동의 날

2011년 10월 15일, '월가를 점령하라'는 구호와 함께 세계 82개국 951개 도시에서 빈부격차와 불평등을 반대하는 시위가 개최되었다고 한다. 이러한 글로벌 시위를 두고 미국 월가를 중심으로 하는 세계 금융자본에 대한 경고이자, 자본주의의 구조적 불평등에 분노한 99%의 물결이라고 한다.

인간 사회의 불평등이 90대 10을 넘어 99대 1에 육박하였다고 이야기 하고 있다. 이 세상 부의 99%를 상위 1%가 차지하고, 남은 1%만으로 99%의 사람들이 살아야 한다는 것이다. 이러한 부의 집중은 종국에 가서는 단 몇몇 심지어 단 한 사람이 모든 것을 차지하게 되고, 그 자리를 놓고 극단적인 투쟁이 벌어질 지도 모르는 일이다.

세계적인 석학 노엄 촘스키는 미국이 노동자들에게 기반을 둔 경제에서 기업의 이윤에 의해 통제되는 경제로 바뀌었다며, 이제 정부의 정책과 국민의 의지 사이에 천문학적 격차가 생겼다고 한다. 또한 얼마 전 '정의란 무엇인가'라는 책으로 크게 알려진 마이클 샌델 하버드대 교수는 경제적 위기를 해결하지 못하는 정부에 대한 분노와 좌절이 한꺼번에 표출된 것이라며 정의의 문제로 규정하고 있다.

경제논리가 사회정의를 추월하면서 인간은 공정함보다는 극단적으로 이윤을 추구하였고 결국 추악한 이기주의가 지배하는 사회가 되었다. 미국의 금융자본이 구제 금융을 받고도 세금은 거의 내지 않고 부패한 모습을 보이고 있다고 한다. 1998년 외환위기 당시 구제 금융을 받은 우리나라 대기업들은 얼마나 되갚았는지 궁금하다.

우리 사회도 각종 경제문제가 산재해 있음에도 불구하고 정부는 제대로 된 해결책을 내놓지 못하고 있다. 근본적으로 경제 이념과 구조에 문제가 있다면, 몇 가지 정책만으로 해결되기는 어렵다.

그러나 복잡한 경제이론이나 거창한 이념이 아니어도 효과적인 해결책을 찾을 수 있을 것이다. 바로, 사람이 사는 모습 속에서 답을 찾아볼 수도 있다. 동물 중에는 스스로 희생을 하거나 먹이를 나누는 경우가 거의 없다. 가끔 어미가 새끼를 위해 희생하거나 새끼들과 먹이를 나누는 경우는 있어도 이웃과 나누는 경우는 거의 없다. 그저 본능에 따라 행동할 뿐이다.

그런데 사람은 다른 사람들과 나누고 베풀 수 있으며, 사회를 위해 희생할 줄도 안다. 베풀고, 나누고, 돌보며 함께 사는 삶, 이것은 부처님도 예수님도 원했던 삶일 것이다. 문제는 인간에게 있는 또 하나의 속성 이기심이다. 이기심 때문에 나누고, 베풀고, 희생하기 어려운 것이다.

본능에 충실한 소수가 아주 잘사는 것보다는 어느 정도 부족하더라도 함께 사는 것이 인간다운 삶이다. 우리는 87년 6월 항쟁으로 정치적 민주화를 이루었다면, 이제 경제적 민주화를 이루어야 한다.

그러기 위해서는 먼저 우리 스스로 인간다운 삶의 길을 선택해야 할 것이다.

2011년 11월

비리공화국

어느 그룹 회장이 자신의 기업 전체에 부정부패가 만연해 있다며, 이를 척결하기 위해 나섰다고 한다. 몇 년 전 한 변호사의 양심선언으로 기업비리 문제가 불거졌던 그룹 회장의 시도라 더욱 의외로 여겨진다.

자신을 돌아본 반성인지, 비리로 손해 보지 않겠다는 것인지, 아니면 더 이상 부정과 비리로는 회사를 발전시킬 수 없다는 것을 깨달은 것인지는 알 수 없지만, 그 그룹이 그룹 내 부정부패 척결에 나선 것만은 고무적인 일임에 틀림없다.

얼마 전 정부의 개각과 함께 장관 청문회가 있었고 역대 청문회와 마찬가지로 도덕성 문제가 제기되었다. 국회에서 여당은 이런 문제 인물들을 변호하고 야당은 정치적 거래를 하고 있다고 한다. 심지어 모 저축은행의 비리수사가 정치권으로 확대되려 하자 중수부 폐지에 합의하였다고 한다.

또한 한 조사에서 역대 대통령 가운데 현직 대통령의 부패인식이 가장 낮은 것으로 나타났다. 부패방지에 대한 공약이 가장 적었고, 취임사에서도 부패에 대한 특별한 인식이 없다는 분석이 근거이다. 그런데 지난 6월에는 그 대통령이 "온통 나라 전체가 비리투성이고, 공정사회의 기준으로 볼 때 과거의 관행 전부가 문제"라고 지적하였다고 한다.

전부터 연줄과 빽을 중시하고, 빽이 없으면 돈이라는 말이 진리처럼 회자되기도 하였다. "부패를 그냥 두면 나라가 망하고 선불리 부패를 척결하려다 보면 정권을 잃을 수도 있다"는 당시 중국 국민당 총재가 말하는 장면을 어느 영화에선가 보았던 기억이 떠오른다.

우리나라에서도 김영삼 정부시절 청와대에서 공직 사정을 강화하자 공무원 복지부동이 나타났었다. 그만큼 부패의 뿌리는 깊고 척결하기 어려운 것 같다. 기업의 부패척결도 어렵겠지만 국가의 부패는 더 뿌리도 깊고, 구조적으로 자행되어 왔다.

부패는 음지에서 피는 꽃과 같다. 칼로 내리치면 더욱 깊은 어둠 속으로 숨어 왔고, 칼을 휘두르는 권력이 강할 때는 오히려 그 권력을 부패로 물들이기도 했다. 결국 부패는 강제적 수단으로 단기간에 근절시키기는 어렵다. 부패를 없애는 유일한 방법은 음지의 꽃이 햇볕을 쬐면 시들어버리듯이 장막을 걷어내고 양지에서 자연스레 사멸되도록 하는 것이다.

여러 사람 앞에서 부정을 저지를 사람은 많지 않을 것이다. 그래서 민주주의와 지방자치가 중요하고 개방과 투명성이 요구되는 것이다.

부정부패와 반국가적 행위의 처벌과 이익환수에는 소멸시효를 두어서는 안된다. 자손만대에 가서라도 결국 처벌받고 환수되고 만다는 인식이 널리 자리 잡혀야 한다.

2011년 8월

미래 세대의 미래

어느 대통령에게 미혼의 30대 어느 여사무관이 "업무가 과중해 남자친구 만들 시간이 없어 결혼과 출산이 고민"이라며, 저출산 문제와 연결지어 고충을 하소연하자, 대통령은 "조직과 인원 점검"을 지시했다고 한다.

저출산 문제는 국가와 사회의 영속성을 위협하는 중대한 사회적 문제이다. 그 원인이 단순히 조직구성이나 인원배치에서 비롯된 업무과중 때문이라기보다 근본적으로 우리 사회 구조적 문제에서 비롯된 것이다.

지금 2030세대를 두고 결혼 · 연애 · 출산을 포기했다하여 삼포세대니, '88만원 세대'니 하고 걱정하는 말들이 생겨나고 있다. 갈수록 심해지는 취업문제가 우리 젊은이들의 청춘에 족쇄를 채우고 있는 것이다.

심지어 학자금대출로 인해 졸업도 하기 전에 이미 빚쟁이가 되고, 졸업 후 취업이 늦어져 대출금상환이 어려워지면서 취업도 하기 전에 신용불량자가 되고 마는 경우도 있다. 이러한 젊은 세대의 고통을 신자유주의로 인한 양극화와 고용없는 성장으로 인한 경제적 피해가 원인이라면서 우리 사회에 국한된 것은 아니라고 주장하는 이도 있다.

사실 미국의 '빈털터리 세대', 이탈리아의 '1000유로세대', 일본의 '비참세대'라는 말이 우리의 '88만원 세대'와 같은 의미로 쓰인다니, 기성세대의 양극화로 인한 세대의 계급화가 세계적으로 발생하고 있다는 말이 사실로 보인다.

우리나라의 청년사망률이 세계 1위이고, 첫 번째 사망원인이 자살이라는 유엔경제사회국의 발표를 보면, 우리 젊은이들이 겪는 고통이 세계 어느 나라 젊은이 못지않게 큰 것 같다.

죽음에 이르는 병이 절망이고, 목표의 상실은 무기력함과 타락을 초래한다고 한다. 쉴 새 없이 닥치는 대로 아르바이트를 해도 학자금과 생활비로 생긴 빚을 갚을 수 없어 술집에도 나가봤다는 20대 여성의 이야기도, 일에 묻혀 결혼과 출산은 생각할 수조차 없다는 어느 고위 공무원의 말도, 모두 우리가 건강한 번영과 사회적 영속성을 포기한 채 절망과 타락을 향해 달려가는 것은 아닌가 싶다.

그런데도 아직까지 젊은이들 가운데 어렵고 힘든 일은 하지 않으려고 하는 이들이 많고, 윗세대는 대접을 받으며 일하고 싶어 하는 이들이 많은 것은 무엇 때문인가?

2012년 1월

40대의 진보화

얼마 전 재·보궐선거 과정에서 중앙선거관리위원회 홈페이지에 디도스 공격을 감행한 사건이 벌어졌다. 그 이유가 젊은 층의 선거참여를 방해하기 위해서라는 말이 있다.

현대 정치는 정치참여도가 낮아서 민주주의의 위기라 하고 특히 젊은이들의 정치적 무관심이 문제라는 인식은 오래전부터 선진국을 비롯한 많은 나라에서 공감되어 온 문제이다. 따라서 젊은이들이 스스로 정치와 투표에 참여하겠다고 나서는 것은 민주주의와 국가의 장래를 위해 좋은 일이 아닐 수 없다.

그런데 오히려 젊은이들의 투표참여를 방해하기 위해 헌법기관을 공격하는 불법행위까지 저질렀다. 왜 이 나라 젊은이들의 정치참여를 두려워하고 방해하는 것인가?

얼마 전 언론과 대학 등이 조사한 '이념거리감지표'를 보면, 지금 우리나라 40대는 2~30대와 같은 진보적 색채를 유지하고 있다고 한다. 과거에는 진보적 이념을 가진 사람들도 40대가 되면 보수적으로 변화된다고 하여 '연령효과'라는 용어까지 있었는데, 지금은 2040이라고 부를 만큼 '이념거리감지표'의 변화가 없다는 것이다.

그 원인으로 기득권층의 권위주의, 경제난과 양극화, 그리고 인터넷과 SNS의 활용 등을 지적하고, 젊은 세대들이 직접 민주주의를 추구하는 성향이 강하다는 점을 들고 있다. 386세대 이후 사람들의 진보성향이 나이와 세월에 따라 변화되지 않는다는 것은 이념적 세대교체가 이루어지고 있다는 것이 된다.

결국 386세대 이후의 사람들의 진보성향은 나이와 세월에 따라 변함이 없다는 것이고, 이는 기존 세대들의 이념적 유인이 부족했거나 배척이 심했던 때문으로도 볼 수 있다. 그동안 윗세대보다 더 많은 교육을 받고 자아의식이 강한 젊은이들에게 기득권층이 보여준 신뢰와 희망은 매우 협소하였던 것이 사실이다. 그래서 권위주의를 거부하고 직접 참여하고 활동하는 민주주의 방식을 선호하는 세대의 경향이 나타난 것이다.

머지않아 두 번의 큰 선거가 있다. 두 번의 선거 모두에서, 어떠한 형태로든지 기득권층이 젊은 세대를 배척해서는 안된다. 이들을 배척할수록 오히려 배척당하고야 마는 결과는 지난해 선거에서 밝혀졌다. 변화를 인정하고 자신을 먼저 버릴 때 진정한 미래가 있음을 깊이 되새겨야 할 것이다.

2012년 1월

정치구도와 반값 등록금

우리 서민들의 가장 큰 고통을 꼽으라면 아파트 값, 사교육비, 그리고 대학등록금일 것이다. 아파트 값과 사교육비가 줄어들고 대학등록금이 절반이 된다면 어느 정도 숨통이 트일 것이다. 어쩌면 국민 모두의 희망사항일 수 있다. 이 반값등록금의 이야기가 최근 다시 불거졌다. 지난 4.27 재·보궐선거 이후, 어느 정당의 개혁 정책 중 하나로 제시된 것이 바로 반값등록금이다.

한 언론의 여론조사에 의하면 현재 유권자의 51.7%가 이념적 혼재층이고 일관적 진보가 27%, 일관적 보수가 21.3%라고 한다. 이념적 혼재층에는 부동층 내지 무관심층이 포함될 수 있고 이들을 달리 부르는 용어일 수도 있지만, 어떻게 생각하더라도 정부와 여당의 입장에서 유리할 것은 없는 것 같다.

또 다른 언론의 보도에서는 40대 이하 연령대에서는 정권교체를 희망하고 있고, 50대 이후에서만 보수정당을 지지하고 있으며, 젊은층의 투표율이 높아져 내년도 총선과 대선에 희망적이지 못하다는 것이다.

그래서인지 현재 여당은 당내 개혁과 대선 구도를 유리하게 만들 방안을 모색하고 있고, 젊은층을 끌어 안아야한다는 생각에서 반값등록금도 제시된 것 같다. 그런데 보수정당에서 진보 정책을 제시한 것이 내부적으로 한계에 부닥쳤는지 반값등록금을 저소득층과 B학점 이상의 학생들에게만 국가장학금으로 주겠다는 발언이 나와 혼란을 가중시키고 있다.

대학에 관한 문제를 정치적 입장이나 인기에 영합해서 쉽사리 결정해서는 안된다. 대학은 나라의 미래인재를 양성하는 최고 교육기관이다. 대학교육이 잘되고 못됨에 따라 나라의 미래가 곧 바로 결정된다고 할 수도 있다. 그래서 많은 나라들이 대학교육에 심혈을 기울이고 심지어 무상교육을 택하는 나라도 있다.

대학의 역할이 국가 미래를 위한 전문 인력의 양성과 학문탐구라는 입장에서 그리고 국가의 전문교육 내지 고등교육의 확대 차원에서 대학교육이 보편적 복지로 인정될 수도 있다. 이러한 교육복지의 문제는 국가 백년대계의 틀 속에서 국민전체의 의지를 모으는 거대 담론의 장 속에서 오랜 반성과 논의를 통해 결정되어야 할 것이다.

물론 정치적 타협을 통해 쉽사리 결정지을 수도 있지만, 그런 식의 결정은 또 다른 소외를 만들어 더욱 어려운 상황으로 몰아갈 수 있다. 섣부른 결정의 뒤에 따라오는 많은 문제는 어떻게 해결할 것인가? 등록금이 줄어든 만큼 재원은 어디에서 보충할 것인가? 대학의 효율적 운영과 구조조정 그리고 정부의 보조금으로 해결되지 않는다면 결국 대학교육의 질과 연구 환경의 악화가 뒤따를 것은 자명하다.

지금 우리의 자식과 같은 젊은 학생들이 도시 한복판에 모여 목메어 외치고 있다. 세계화 시대의 무한경쟁 사회에서 살아남기 위해 밤낮 시간을 아껴 공부해도 부족한 시간에, 부모들에게 떠 맡겨진 짐을 나누고자 또 밤낮으로 헤메고 있다. 이것은 누구의 책임인가? 적어도 지금 절규하고 있는 학생들의 책임은 아닌 것 같다.

학생들은 집회를 희망을 노래하는 축제의 장으로, 진실을 이야기 하는 공론의 장으로 만들어야 한다. 학생들이 열고 있는 집회 장소는 국가의 미래를 위해 자신의 의지를 표현하는 신성한 자리이지, 목숨 걸고 지켜야 하는 휴전선이 아니다.

지금 우리는 우리의 아이들과 이 나라의 미래를 위해 진실을 이야기하고 함께 노력해야 하는 어렵고 긴장된 순간에 와 있다.

2011년 6월

총리인사청문회

최근 몇몇 장관과 총리가 낙마한 데 이어 영남출신 대통령의 호남출신 총리에 대한 임명동의안이 국회를 통과하자 인사청문회에 대한 국민들의 관심이 갑자기 더 높아졌다. 고위공직자 임명권은 대통령 고유권한이니 인사청문회를 폐지하자는 의견도 있고, 지방정부 수준까지 확대하자는 주장도 있다.

인사청문회에서 대부분의 후보들은 병역기피, 불법증여, 세금탈루, 논문 부정 게재 등 주로 도덕성이 빌미가 되고 있다. 낙마한 후보들은 물론 인사청문회를 통과한 공직자들도 얼마만큼 씩은 도덕성 시비에 휘말렸던 것 같다.

이를 두고 개발연대를 살아온 많은 지도층 인사들이 사회적 성공이나 재산의 축적을 위해 비슷비슷한 과정을 겪었을 것이라고 추측하는 이들도 있고, 그 나물에 그 밥이라며 탄식하는 이들도 있다.

사실 정무직이나 선출직은 물론 여러 공직자들에 대한 도덕성이 논란이 되어온 것은 어제 오늘의 일이 아니다. 그만큼 우리 사회 지도층의 도덕성 문제가 심각하다는 것이고, 도덕성을 검증할 시스템이 부족하다는 반증이기도 하다. 도덕성이 검증되지 않으니 책임지지 않는 사회구조가 개선될 수 없고, 도덕 불감증만 더욱 깊어졌을 뿐이다.

인사청문회를 앞서 실시해온 미국은 철저한 사전 검증 장치가 마련되어 있을 뿐만 아니라 문제점이 발견되면, 후보자 스스로 자진 사퇴하거나 대통령이 지명을 즉시 철회한다고 한다. 때문에 인사청문회장에서 도덕성을 검증해야 하는 우리와는 달리 정책 중심으로 인사청문회로 진행된다고 한다.

얼마 전, 장관과 총리의 인사청문회에서는 '죄송'과 '모르쇠'로 일관하다가 무더기로 낙마하기도 했고, 어느 총리후보자는 조사할수록 문제점이 점점 더 드러난다 하여 '양파총리'라고까지 불리기도 했다. 결국 청와대에서는 사상 처음으로 호남총리의 카드를 들고 나왔고, 야당에서는 슬그머니 받아들이는 격이 되었다.

호남을 중심으로 야권에서는 최초의 호남총리 지명이 영·호남의 권력분점은 아니더라도 일정부분 호남의 몫이 챙겨지기를 기대하는 눈치이다. 이를 두고 일부에서는 고위관료의 출신지역 몫 챙기기가 새로운 지역이기주의를 조장하고 그래서 충북과 같은 제3의 지역에서는 또 다른 소외가 발생하지 않을까 하는 우려하고 있다.

우리 사회에서도 철저한 사전 검증 시스템과 자기 검증의 문화가 정착되어야 한다. 그리고 오랜만에 대통령의 지명과 국회의 동의가 큰

물의없이 이루어진 만큼 영·호남간 지역갈등의 완화에도 일조했으면 하는 바램이다.

2010년 10월

아직도 언론통제가 가능하다고 생각하는가

서태지와 이지아의 이혼과 거액소송, MC 몽의 병역기피, 장동건과 고소영의 결혼, 김성민 마약수사, 그리고 BBK 수사팀 패소, 금산분리법완화, 천안함 사태, 4대강사업주변 친수법 등등, 한편은 이름만 들어도 귀에 익숙한 연예인들의 개인적 사건과 신변잡기들이고, 다른 한편은 국가적으로 중요한 사건과 법안들이다. 그런데 정작 중요한 사건과 법안들이 연예인 기사보다 우리 귀에 더 어색한 것은 무슨 이유 때문인가?

얼마 전 어느 대학신문에 이런 내용이 실리면서, 문제 상황을 덮고 가려는 정부와 언론의 물타기 그리고 시민의 선택을 초점으로 다루고 있었다. 연예인 사생활 기사를 더 크게 터뜨려 정작 중요한 국가적 사태를 국민의 관심과 여론에서 멀어지게 하려는 의도가 정말 있었는지는 모르겠지만, 과거 군사정권이 언론을 통제하던 시절에는 종종 발생했던 일이고, 그런 잔재가 아직도 남아 있다면 충분히 있을 수 있는 일로 보이기도 한다.

정부의 의도 때문인지, 아니면 언론의 본질이 끊임없이 새로운 흥미를 찾아 옮겨 다니기 때문인지, 그것도 아니면 한국인의 정서가 심각하거나 진지하기보다는 단순한 흥밋거리에 쉽게 몰리고 쉽게 잊어버리기 때문인지는 몰라도, 중요하고 심각한 사건들이 어느날 갑자기 국민적 관심을 상실하는 경우가 종종 있었다.

최근 후쿠시마 원전 사태도 그런 것 같다. 관련 보도가 간간히 흘러나오기는 해도 사회적 관심이 급격히 추락한 것은 사실이다. 후쿠시마 원전의 방사능이 기준치의 20배가 넘었다는 기사나 원자봉이 녹아내렸다는 보도는 이미 잊혀져가고 있으며, 후쿠시마 원전 주변에서 10여 명의 아사자가 발생했다거나 심지어 후쿠시마 원전 근처에서 지난 토요일에도 강도 5.4의 지진이 다시 발생했다는 보도조차 관심거리가 되지 못하고 있다.

후쿠시마 원전 사태는 인류적 재앙일 뿐만 아니라 당사자인 일본을 제외하면, 우리나라가 위험에 가장 크게 노출되어 있는 나라라고 한다. 일본에서 벌어진 일이라 어쩔 수 없기도 하지만 그렇다고 정부와 언론이 마냥 뒷짐 지고 모른 체 하는 모습도 좋지는 않다. 바른 정보의 보도와 국민여론의 수렴이 언론과 정부의 역할이라는 사실을 인식하고 국민적 관심과 주의를 지속시키고 피해를 최소화시키려는 노력을 끝없이 이어나가야 한다.

투명성이 낮아 어둡고 폐쇄적인 정부일수록 부패와 비능률이 심화될 수밖에 없다. 밀실행정이 불러온 사태를 어둠 속에 숨겨두고 싶겠지만,

세상을 다 가릴 수 있는 어둠은 없다. 내게는 지금이 한밤중이지만, 지구의 다른 편에서는 대낮이라는 사실을 지구인이면 누구나 알고 있다. 지금은 세계화시대이다. 군사정부시절처럼 나라의 주요 언론만 통제하면 되던 시대가 아니다. 지금 완벽한 통제를 하기 위해서는 지구 반대편에 사는 어린 아이의 컴퓨터와 휴대폰까지 통제해야 하는 시대이다.

2011년 6월

인터넷 저널리즘

수자원공사가 경인운하에 대한 비판적 여론을 막기 위해 언론보도와 인터넷 여론을 조작했다는 의혹이 제기되었다. 부정적인 보도를 막고 우호적인 기사를 게재하는 댓가로 언론사 주최 행사나 기획특집을 후원하려 했다는 것이다.

또한 얼마 전에는 소문으로만 떠돌던 인터넷 댓글 알바의 실체가 드러났다고 한다. 국내의 유명 PMP제조업체가 60명 정도의 댓글 아르바이트를 고용해서 일을 시키고 수개월치의 월급을 주지 않아 사건이 발생한 것이다.

이들은 하루에 20여개의 댓글을 달거나 해당 제품의 우호적인 기사를 퍼나르고, 개인 블로그에 제품 홍보용 콘텐츠를 올리는 일들을 했다는 것이다. 소비자의 판단기능을 흐리게 하는 기만적 유인행위에 속하는 이런 아르바이트에 어린 학생들부터 주부에 이르기까지 다양한 계층의 사람들이 활동하고 있어 문제의 심각성을 더하고 있다.

또한 인터넷 블러그 활동의 비도덕성도 문제가 되고 있다. 파워블로거를 자칭하면서 유명 식당에서 공짜음식을 요구하거나 화장품 회사의 체험단에 참여시켜 줄 것을 강요하였다는 것이다.

지난 7월에는 한 블로그 운영자가 오존살균세척기의 공동구매를 알선하는 과정에서 하자있는 제품을 공급하고도 높은 비율의 수수료를 챙겨 시비가 된 적이 있었다. 이러한 수익성 중심의 블로거들에 대해 국세청이 실태조사를 하고 공정위에서 제재조치를 마련했다고 한다.

인터넷 댓글과 블로그 활동은 소통의 양방향성을 지닌 참여와 대화 중심의 1인 미디어로 일방향성인 기존 매스미디어의 횡포와 상업주의에 대응하는 대안 매체로 기대를 모아왔다. 그래서 댓글 저널리즘, 블로그 저널리즘이라 불리며 풀뿌리 저널리즘의 대명사로 인식되어 왔다.

그런데 인터넷에 상업주의가 만연하면서 이런 풀뿌리 저널리즘마저도 민주화와 세계화의 첨병으로서의 역할을 저버리고, 전문성과 공익성 대신 수익성과 선정성을 찾아가고 있다.

인터넷 화면에는 성형수술과 살빼기 광고가 크게 늘어나고 있다. 심지어는 엄숙한 내용의 기사 바로 옆에도 선정적인 광고가 즐비하게 늘어서 있어, 사유와 판난의 혼란을 야기하고 있다.

21세기를 창조해 나갈 네티즌들이 무한 자유라는 인터넷 세상을 창조의 세상으로 만들어가는 것이 아니라, 세속의 음지와 닮은꼴을 만들고 그 속에서 스스로를 타락과 규제의 틀로 가두어 가고 있는 것 같다.

2011년 9월

아바타

영화 세계의 제왕이라는 제임스 카메론 감독이 타이타닉이후 12년만에 「아바타」라는 영화를 내놓았다. 3D 블록 버스터라는 최첨단 기술을 활용한 영화로 개봉하자마자 흥행기록을 갈아치우고 있다.

아바타란 말은 '자신의 분신'을 의미하는 산스크리트어 '아바따라(avataara)'에서 유래된 말로 인터넷 속에서 자신을 상징하는 하나의 대표적 이미지로 활용되어 왔다. 이 아바타가 영화「아바타」 속에서는 실질세계에서 활동하는 하나의 분신으로 표현되었다.

지금 인터넷을 활용하는 많은 사람들이 자신의 아바타를 선택해서 가꾸고 치장하고, 심지어 성형수술이나 결혼까지 시키고 있다고 한다. 아바타를 통해 일종의 대리만족을 느끼고 있는 셈인데, 어떤 사이트에서는 가상 결혼생활까지 가능하다고 한다. 이러한 대리만족에도 나름대로 돈이 들어가는데 그 액수가 적지는 않다고 한다. 때문에 아바타 사업이 미래형 사업으로 기대를 모으고 있다고 한다.

전문가들은 아바타의 사회적 보편화는 인간의 자유로움에 날개를 달아주기도 하지만 다른 한편에서는 현실과 사이버 공간에서의 정체성 혼란을 가져온다고 지적하고 있다. 인터넷의 특성 가운데 하나가 익명성이다. 이 익명성 때문에 인터넷 상의 무질서와 비도덕성이 난무한다고 볼 수 있다. 자신이 하는 행동에 대해 남들이 알지 못한다고 생각하고 함부로 행동하고 있기 때문이다.

아바타는 완전한 익명성은 아니지만 아바타의 사용자는 어느 정도의 익명적인 안도감으로 인해 거침없이 제멋대로인 행동을 할 수 있다. 많은 사람들이 인터넷 등 가상공간을 활용하고 있으며, 그 중 상당수가 하루라도 인터넷을 활용하지 않고는 견딜 수 없을 정도로 빠져 있다고 한다. 심지어 게임중독에 빠져 건강을 해치는 사람들도 적지 않은 모양이다.

만일 가상 결혼생활에 빠져 있는 사람이 있다면 그와 살고 있는 배우자는 누구와 살고 있는 것인가? 아바타 영화에서처럼 가상세계에서 행복을 느끼고 가상의 배우자를 사랑하는 사람과 현실 세계에서 살고 있는 사람은 영혼이 없는 껍데기와 사는 것과 무엇이 다르겠는가?

이러한 가상세계에 대한 현실적인 기대와 우려가 공존하고 있다. 우리는 빠른 시간 내에 IT강국, 인터넷 강국으로 발돋움하였다. 성장이 빠른 만큼 후유증과 문제점도 빠르게 나타나고 있다. IT 강국을 만들려고 물리적 기반부터 서둘러 갖추느라 급급한 나머지 사회적·문화적 기반을 마련할 시간이 부족했기 때문이다.

또한 보급과 활용에 치중하고 정서와 문화적 토대의 마련을 등한시하였기 때문에 동방예의지국이라는 말이 무색할 정도로 인터넷 매너가 부족하다는 말을 듣고 있으며, 각종 IT질환도 발생하고 있는 실정이다. 오프라인 없는 온라인은 없다. 현실 세계의 기반이 공고할 때 가상 세계도 튼튼해지게 된다.

지금부터라도 가상 세계의 문제점을 고치기 위해 현실 세계부터 바로 잡아나가야 한다.

2010년 5월

소프트웨어 후진국

삼성전자가 갑자기 엄청난 돈을 들여 외국의 소프트웨어 개발회사를 사들이고 있으며, 정부에서는 주요 휴대폰 업체들과 함께 개방형 운영체제 개발에 나선다고 한다. 우리나라는 명색이 UN이 인정한 세계 1위의 전자정부이면서도, 세계 500대 소프트웨어 회사가 하나도 없다는 것은 매우 뜻밖이라 하지 않을 수 없다.

한국의 소프트웨어 산업이 제대로 발전되지 못한 배경을 보면, 1980년대 후반 컴퓨터가 처음 보급될 당시부터 하드웨어의 보급에만 신경을 썼지, 그 두뇌에 해당하는 소프트웨어의 개발에는 무관심했다는 것이다.

불법 설치와 활용은 명백한 위법행위이다. 그런데 우리는 그저 조립 컴퓨터에 깔려오는 소프트웨어를 사용하면 되는 줄 알았고, 때만 되면 무상으로 업그레이드 해 주는 줄 알았다. 심지어 소프트웨어를 업그레이드하고는 그 때문에 부하가 걸려 속도가 늦어지면, 컴퓨터가 고장났거나 노후된 것으로 생각하고 멀쩡한 컴퓨터를 버리고 새로운 컴퓨터를 구입하곤 하였다. 실제로 활용하는 기능은 그대로인데 소프트웨어의 덩치와 하드웨어의 사양만 높아지는 일이 반복되었다.

이러한 컴퓨터 활용 문화가 하드웨어는 세계 1위이면서도, 소프트웨어의 후진국으로 남아 있을 수밖에 없는 현실을 낳았고, 무료로 사용하는 외국산 소프트웨어가 몸에 익어버린 탓에 지금은 막대한 비용을 그 소프트웨어의 값으로 외국에 보내야 하는 상황이 되었다.

본래 컴퓨터의 사용은 다른 개발자에 의해 개발된 어플리케이션을 활용하는 수준에 그쳐서는 안된다. 자신의 업무나 필요에 맞는 프로그램을 스스로 만들어 사용해야 하는 것이다. 그래야 컴퓨터의 다양한 기능을 제대로 사용할 수 있다.

우리는 시작부터 하드웨어의 보급에만 치중하여 소프트웨어 개발에 대한 인식이나 컴퓨터 활용능력에 대한 정책을 무시해 왔다. 지금, 국가 차원에서 소프트웨어와 운영체제의 개발에 다시 나선다니 참으로 다행이긴 하지만, 소프트웨어의 개발은 개발만으로 끝나는 것이 아니라 시작이라는 것을 잊지 말아야 한다.

문제는 폭넓은 보급에 있고 지속적인 활용과 업그레이드에 있다. 즉, 과연 얼마나 많은 사람들이 지속적으로 사용하게 하고 관련 프로그램의 개발을 유도해내느냐가 관건이다. 이제는 애국심을 핑계로 국산 담배를 피우게 하는 식의 방법 보다는 국산 소프트웨어가 좋아서 사용하도록 해야 한다. 또한 우리는 국산 소프트웨어가 손에 익지 않아 사용법을 새로 익혀야 하고 사용하기 불편하더라도 즐거운 마음으로 써 주어야 한다.

그리고 무엇보다도 우리의 컴퓨터 교육방식을 바꾸어, 자신에게 필요한 기능은 자신이 직접 만들어 쓸 수 있도록 처음 컴퓨터를 배우는 시기부터 프로그램 개발 교육을 실시해야 한다. 개인 프로그램이 많을수록 다양한 소프트웨어 아이디어가 개발될 수 있으며, 이렇게 풍부한 개발 환경 속에서 지금 우리가 사서 써야만 하는 외국산 소프트웨어를 능가하는 우리의 소프트웨어가 탄생할 수 있다.

2011년 9월

인간관계

세상 사는데 가장 힘든 것이 무엇이냐고 물으면, 여러 가지 대답이 있지만 어떤 사람들은 '사람'이 제일 힘들다고 한다. "옛말에 머리털 검은 짐승 믿지 말라"는 말이 있듯이 사람만이 서로 속이고 배신하고 실망을 주는 것 같다.

인간에 대한 실망의 시작은 인간들 간의 관계에서부터 비롯된다고 할 수 있다. 부모자식관계, 부부관계, 스승과 제자관계, 선배와 후배관계, 상사와 부하의 관계 등 사람들은 관계를 맺고 관계를 기반으로 사회를 구성하고 살아가고 있다.

그리고 이러한 관계에 의해 각자의 위치와 역할이 주어진다. 관계에 의해 기대되는 역할을 각자 충실히 수행할 때는 문제가 없지만 그 역할을 제대로 수행하지 못할 때 여러 가지 문제가 발생한다. 특히 역할에 대한 자기 생각과 주변에서 기대하는 역할이 다를 때 그리고 그 차이를 서로 이해하지 못할 때 불만이 발생하고, 불만이 쌓이게 되면 좋은 관계가 한순간에 원수같은 사이로 돌변하기도 한다.

기대에 대한 불만과 오해에서 비롯되는 것이다. 비슷한 위치에 있어도 사람들마다 역할에 대한 자기 인식이 다르고, 동일한 사람에 대한 주변의 역할기대도 인식하는 사람들마다 다 다르다. 이러한 역할인식의 차이가 오해의 원인이 되고 이를 무시할 때 사회적 갈등과 충돌이 발생하게 된다.

좋은 관계가 유지되기 위해서는 역할에 대한 기대와 인식의 차이를 무시하지 말고 최소화시켜야 한다. 이를 위해서는 대화가 가장 중요하다. 대화는 보통 윗사람부터 시작하는 것이 좋다. 윗물이 맑아야 아랫물이 맑아지고, 사랑은 '내리 사랑'이라고 했듯이 서로의 입장을 헤아리는 것도 윗사람이 먼저 하는 것이 도리이고, 대화의 창도 위에서부터 열려야 한다. 그리고 그러한 솔선의 모습으로 아랫사람을 가르쳐야 한다.

우리의 권위주의적 전통에서는 아랫사람에게 요구하는 것이 많고 윗사람은 누리기를 원하는 측면이 강하다. 내가 그랬으니 이제 나도 받아야겠다는 생각을 버리고 나부터 양보하고 용서하고 대화의 자리에 나서야겠다. 훌륭하게 살아온 사람이 주변사람은 물론 아랫사람들과의 관계를 잘못하여 욕된 모습으로 삶을 마치는 경우도 많다.

어떻게 보면 인간관계의 문제는 모두 윗사람에게 원인이 있다고 볼 수도 있다. 잘못 가르치고, 잘못 이끌고, 제대로 이해시키지 못한 책임은 항상 먼저 산사람, 더 능력있는 사람에게 있기 때문이다. 윗사람부터 자기에 대한 주변의 역할기대를 인식하고 그 기대에 충족하도록 노력해야 하며, 과도한 기대에 대해서는 대화를 통해 조절해 나가야 한다.

그렇게 할 때 서로를 위하고 서로를 신뢰하는 사회를 만들어 나갈 수 있다.

2010년 8월

책임의 순리

우리는 세상의 이치 또는 순리를 이야기하면서 "물 흐르는 대로…"라는 말을 많이 한다. 세상의 변화가 물처럼 자연스럽게 흘러가야 한다거나 사람들의 관계나 움직임이 물 흐르듯 순조롭게 흘러가야 한다는 말일 것이다. 사람들의 활동이나 관계가 물처럼 자연스럽게 흘러가야만 순조롭게 살아갈 수 있다는 뜻일 것이다.

이러한 세상의 이치나 순리는 사회적 책임을 묻는 데도 마찬가지일 것이다. 지금 우리 사회에서는 여러 가지 문제를 두고, "누가 책임을 질 것인가"에 대해 말이 많다. 천안함 사태, 지방선거 결과와 같이 민감한 문제에서부터 청소년 교육, 성폭력 문제 등 정말로 안타까운 문제에 이르기까지 문제도 많고 말도 많다.

그런데 이러한 문제의 공통점은 책임을 지는 행태에서도 나타난다. 책임문제만 불거지면 동방예의지국의 사람들이 아니라 도마뱀 조직 같은 상황이 벌어진다. 자신의 꼬리를 자르는 것이다.

실무자나 책임자의 범위를 정해 책임선을 긋고 거기까지만 책임을 지고 마는 것이다. 그리고 시간이 지나 여론이 잠잠해지면 모두가 망각한 듯 다시 비슷한 행동이 나타나고 유사한 문제가 터지는 것이다. 근본적인 치료가 되지 않은 탓이다. 궁극적인 책임선까지 책임을 지지 않고 미봉책으로 막았기 때문이다.

근본적인 책임은 행위와 권한의 원천에서부터 비롯되어야 하고 권력의 시작단계에서부터 시작되어야 한다. 근본적인 책임을 물을 때에는 아래에서 위로 올라오는 것이 아니라 위에서 아래로 내려가야 한다. 결국, 책임의 이치도 물처럼 위에서 아래로 흘러내려가야 하는 것이다. 그래서 옛말에 윗물이 맑아야 아랫물이 맑다고 한 것 같다. 책임도 위에서부터 질 줄 알아야 아랫사람들의 행동이 바로 잡히는 것이다.

옛날 부여에서는 수해나 가뭄이 들어 농사가 제대로 되지 않아 백성이 굶게 되면 왕이 부덕한 소치라 하여 왕의 생명을 희생하였다. 백성의 어려움에 가장 높은 권력자인 국왕이 먼저 책임을 지는 전통인 것이다. 가장 높은 자리에 있는 자가 가장 먼저, 가장 큰 책임을 질 때 아랫사람이 이를 따를 것이고 모든 사람들의 행동과 전통이 바로 잡힐 것이다.

윗사람이 먼저 책임을 지고 아랫사람들로 내려오는 책임의 문화가 우리 사회에 정착되어 바람직한 전통으로 영속되기를 바란다.

2010년 6월

여행

봄이 오고 꽃이 피는 계절이 되었다. 이번 봄은 날씨도 그랬지만 국가적 상황도 꽃이 얼어버리는 시련을 겪었던 것 같다. 그래도 학생들은 봄철을 맞아 수학여행을 다녀오고 있다.

우리 지역의 학생들은 주로 설악산이나 부산과 남해안지역 정도, 좀 멀게는 제주도를 수학여행지로 택하는 것 같다. 부유한 지역 학생들은 외국여행을 가겠지만 보통의 도시 지역 학생들은 자연경관과 역사적 유서가 깊은 지역을 택하고, 시골지역이나 제주도와 같은 관광지역 학생들은 오히려 서울을 수학여행지로 택하는 것 같다.

우리집 아이들을 보면 수학여행이 꽤나 설레는 모양이다. 몇 차례 여행을 갔던 설악산으로 간다는 데도, 옷은 어떻게 입을 것인지, 신발은 무엇을 신을 것인지, 심지어 관광버스 짐칸에 처박혀 있을 여행가방까지도 무엇을 들지, 멜지 고민에 고민을 거듭하고 있다.

수학여행이 무엇을 배우는 여행이기도 하겠지만 자라는 아이들을 한 차례 더 성숙시켜 주는 기회이기도 하다. 집을 떠나 보는 경험 때문인지? 단체생활 체험 때문인지? 아이들에게 중요한 교육의 기회인 것만은 틀림없다.

수학여행의 과정에서 집단생활의 불편함을 견디어 낼지 우려스럽기도 하고 탈선이 걱정되기도 하지만, 그것은 우리들의 학창시절에도 마찬가지였던 것 같다. 괜히 교복의 윗 단추를 풀고 다니거나 교복 속에 입은 셔츠의 깃을 일부러 밖으로 드러내어 놓거나…. 어쨌든 모자를 똑바로 썼던 친구는 별로 없었던 것 같다. 심지어 선생님 몰래 음주체험까지 한 친구들도 꽤 있었던 것으로 기억된다.

그렇게 어른이 되고 싶었던 시절, 그렇게라도 어른인 척해 보려고 어쭙잖게 굴던 모습이 학창시절 사진처럼 고스란히 기억 속에 남아 있다. 결국 여행을 끝내고 돌아오면 변함없는 일상으로 돌아가 엄격한 교칙과 입시준비에 얽매여 숨 막히는 생활을 해야 했지만, 그래도 수학여행 이전과는 달리 조금 더 성숙한 생각이 들기 시작했던 것으로 기억된다.

여행은 인생의 교사이다. 그러나 배움이 학생들에게 늘 그렇듯이 그 가르침을 어떻게 받아들일지는 오로지 자신의 몫이다. 단순한 휴식과 추억만들기를 넘어서, 새로운 체험을 함으로써 자기의 생각을 스스로 돌아보게 하고, 새로운 지역과의 만남을 자신의 일상과 비교하게 함으로써, 사람을 보다 성숙하게 만드는 기회로 삼아야 한다. 나이가 들어갈수록 생활에 묻히고 일상에 찌들어 자신을 돌아볼 틈도 없이 살게 마련이다. 그럴수록 일상을 탈출하여 자신을 돌아보거나 무언가를 바꾸려는 전환의 기회 또는 새로운 출발의 기회를 가질 필요가 있다.

이제 우리도 수학여행을 떠나야겠다. 의무감에서 가는 여행이나 마지못해 가는 그런 여행보다는 가까운 친구나 인생의 동반자와 함께 떠나는 조용하고 깊이 있는 여행, 삶의 성숙을 위한 수학여행을 떠나야 하겠다.

2010년 5월

용서를 구하며 떠나는 길

지난 세기를 거쳐오면서 급속한 발전과 함께 세대를 구분하는 말들이 많이 생겼다. 전후세대, 신세대, N세대 등 이러한 구분은 세대 간이나 사회적 차이나 갈등을 전제로 논의되기도 한다. 그런데 가만히 보면 사회적 갈등은 세대 간 상호 몰이해와 '들고 남'의 문제에서 비롯되는 경우가 많은 것 같다.

상호 몰이해는 자신의 입장과 남의 입장을 헤아리는 방식이 자기중심적인 데서 기인한다. 옛말에 잘되면 제 탓 못되면 조상 탓이라고 했고, 심리학에서는 내부귀인, 외부귀인이라고 하여 문제의 원인을 자신에서 찾는가 아니면 주변환경에서 찾는가의 차이로 보고 있다.

많은 갈등이 오해나 감정적 요인에서 비롯되는 것 같고 이러한 정서적 문제를 해결하는 데는 큰돈이 들어갈 것 같지는 않다. 그런데 교회에 가서 회개를 하거나 고해성사는 해도 상대방에게 먼저 용서를 구하거나 대화를 시작하는 사람은 드물다.

자존심 때문이다. 자신을 성찰하고 바르게 가다듬지 못하는 부족한 인간으로 남는 것이 오히려 더 부끄럽고 자존심이 상하는 일인데도 불구하고 엉뚱한 곳에 자존심을 세우고 고집을 부리고 있다.

자존심만 내세우다보니 나쁜 감정이 상승작용을 하여 상태를 돌이킬 수 없게 만들기도 한다. “웃는 낯에 침을 못 뱉는다”고 한다. 불편한 사이라 하더라도 먼저 용서를 구하면 내 품 안에 고스란히 들어오게 된다.

그리고 “갈채 속에서 떠나야 한다”는 말도 있다. 진정 환영받고 정점에 올랐을 때 내려갈 준비를 하고 적기를 찾아 떠나는 것이 가장 행복한 마무리라고 한다. 지나친 과욕으로 물러날 기회를 놓치게 되면 유종의 미는 커녕 그동안 쌓아왔던 공적마저 무너져 내리고 오욕만 남을 수도 있다.

남보다 위에 있거나 남보다 더 많이, 더 좋은 것을 가지고 있으면, 남들이 부러워하는 것은 당연하고, 우쭐하고 내세울수록 부러움은 시기로 변하고 뺏고 싶은 마음으로 변하게 된다. 내 것을 빼앗으려는 데 싸우지 않을 사람이 없고, 이렇게 싸움판이 되면 공적이고 체면이고 모두 사라지게 되는 것이다.

어찌면, 본래부터 내 것이었던 것도 없지만, 내가 잠시 빌려 쓰거나 그 자리에 있게 된 경우라면 더욱 그렇다. 본래 내가 번 것도 아닌데 돌려주는 것은 당연한 것이다. 소유에 대한 미련이 클수록 유지의 고통도 커지게 되고 결국 상처뿐인 기억만 남게 된다.

앞서 살아가는 사람이 먼저 용서를 구하는 용기와, 잘 가르쳐서 당당하게 물려주는 문화가 있는 사회에서는 모두가 조화롭게 살아갈 수 있다.

2010년 5월

교육의 책임

조금 있으면, 곧 방학이다. 방학이 되면 어느 곳에 놀러 가겠다거나 친척집에 보내달라는 것이 우리 학창시절 보통 아이들의 요구였다. 그런데 언제부턴가 아이들이 어느 학원에 보내달라고 말하기 시작했다. 공부를 하겠다는 뜻에 반갑기도 하지만, 경제적 부담이 추가되는 어려움과 학원 위주의 공부 방식에 대한 우려감이 동시에 느껴진다.

지금 우리는 교육에 대해 실망과 책임론을 많이 이야기하고 있다. 심지어 공부를 잘하기 위해서는 서울의 강남으로 가야 한다거나 비싼 과외 수업을 받아야 한다는 등 돈이 성적을 말해준다는 식으로 생각하게 되었다. 이러한 세태에 대한 책임도 서로 떠넘기고 있다. 가정에서는 학교로 학교에서는 학원으로 학원에서는 다시 가정의 경제력으로….

교육에 있어서 일차적 책임이 부모와 교사에게 있음은 부인할 수 없을 것이다. 학교는 전인교육과 지식 교육의 모두를 책임져야 한다. 부모는 이를 포함한 교육의 모든 책임을 져야 한다. 마치 학교만 보내면

다 된다고 생각하거나 비싼 학원만 보내면 성적이 오를 것이라고 기대하는 것은 문제이다.

대한민국의 교육정책이 아무리 좋아도, 우리 학생들의 실력이 아무리 출중해도 서울대학은 상위 몇 %만 가게 되어있다. 무조건 상위권대학의 진학률로만 학교를 평가하려는 분위기도 문제이지만, 진학교육을 사교육에 의존하려는 것도 문제이고, 입시공부를 위해 하루 종일도 모자라서 깊은 밤, 늦은 시간까지 교실에만 붙들어 놓는 것도 문제이다.

한껏 뛰놀고 좋은 체험을 하고 여러 가지 생각과 고민을 경험해야할 청소년들이 하루 종일 입시공부만 한다면 과연 얼마나 건강하고 능력있는 성인으로 성장할 수 있을지 궁금하다. 진정한 행복은 건강한 육체와 정신에서 비롯되는 것이다. 이러한 건강한 육체와 정신을 함양토록하는 것이 전인교육이다.

지금 우리는 모든 학생들을 서울대학에 보내야 한다거나 전 국민이 미국사람처럼 영어를 하고, 아인슈타인처럼 수학문제를 풀고, 모든 아이들이 피아니스트나 태권도 선수가 되기를 기대하는 것은 아닌지 다시 생각해 보아야 한다.

국민이 건강하지 못하고 행복지수가 낮은데 국가경쟁력이 높아질 턱이 없다. 지금이라도, 진정 건강하고 행복한 국민을 만드는 길이 무엇인가 다시 생각해야 한다.

2010년 6월

꿈이 없는 세대

요즘 아이들에게 "뭐가 되고 싶냐?"고 물어보면, 의외로 많은 아이들이 "몰라요"하고 무관심한 듯 대답을 한다. 자기 인생에 대해, 미래에 대해 어쩌면 저렇게도 무관심할까? 하는 생각도 들고, 부모로서 가르치는 사람으로서 섭섭하기까지 하다. 다시 "무엇에 관심이 있니?"하고 물으면 이번에는 "글쎄요"하고 대답한다.

아이들이 도대체 무엇을 좋아할까 곰곰이 생각해 보면, 가장 좋아하는 것은 게임이나 음악 등 오락들이고 가장 잘 알고 있는 것은 가수나 연예인, 스포츠 스타들의 작품이나 신상명세 그리고 뒷이야기와 같은 잡다한 정보이다.

우리 학창시절에는 나중에 허황된 꿈이 될지라도 적어도 자기가 무엇이 되겠다는 희망 하나씩은 가지고 있었던 것 같다. 물론 많은 경우가 대학 진학은 꿈과 관련 없이 성적순으로 결정되었지만…, 아무튼 지금 세대는 조금 심한 것이 아닌가 하는 생각이 든다.

아이들이 이렇게 된 원인은 각종 방송 미디어와 인터넷이 영향을 미쳤기 때문이라는 의견도 적지 않지만, 교육 환경의 변화도 적지 않은 영향을 미쳤을 것으로 보인다. 우리 세대가 성장하던 시기에는 권위주의와 일제의 제일주의 그리고 유신의 '하면된다'는 사고가 혼합되어 있었고, 교육방식도 강압적 주입식으로 무조건 전진을 추구하는 사고가 팽배하였던 것 같다. 그래서 무엇인가 되어야 한다는 강박관념이 지배하였고, 그래서 실현 가능성은 낮아도 어린 아이라는 이유에서 무한한 가능성을 부여하고, 꿈을 크게 꾸도록 가르쳤던 것 같다.

그런데 지금 세대는 권위주의와 제일주의가 많이 사라진 반면, 강압적이지는 않지만 아직도 주입식 교육환경에서 크게 벗어나지 못하고 있으며, 경제적 여유와 함께 교육에 대한 부모의 관심이 더욱 경쟁적인 참견으로 나타나고 있는 것 같다.

어린 아이 때부터, 유치원에서부터 영어, 태권도, 피아노 등 학원을 다니고 조금 커서는 영어, 수학 학원을 다니는 것이 보편화되어 있다. 아이들의 적성이나 의견보다는 부모의 판단과 주변 의식이 더 크게 지배하기 때문에 아이들이 커서도 자신의 의견과 판단을 통해 결정을 내리고 목표를 세우고 실행하기보다는 보편적인 상황에 맞추어 그저 따라가는 것을 선호하는 경향이 많은 것 같다.

어려서부터 스스로 결정하고 책임을 지는 습관을 가지지 못한다면 자기인생에 대한 목표 설정도, 실천을 통한 결실과 책임도 스스로 가지기 어려울 수 있다. 우리 세대는 윗사람이 어려워서 자기 의견을 쉽게 말하지 못했지만, 지금 아이들은 자기가 생각할 필요가 없어서 의견을 가지지 못할 수도 있다.

이제 우리는 아이들을 믿고 자신이 진정 하고 싶은 것들을 할 수 있도록 내버려 두어야 한다. 남들이 하니까 다 시켜야 한다는 강박관념보다 아이들이 정말로 하고 싶은 것을 스스로 찾고, 정말로 좋아서 신나게 열심히 할 수 있게 하고, 그 결실을 맛보게 해 주어야 한다.

산꼭대기도 올라가 본 사람만이 정상의 맛을 알고, 다른 산의 정상에도 오른다. 중간에 포기하기 시작하면, 자칫 포기하는 것이 습관이 될 수 있고, 결국에는 정상에는 한번도 올라가 보지 못하는 사람이 될 수도 있다.

그리고 이것저것 남들이 하는 것을 다 따라서 하다 보면, 아무리 잘해도 남들만큼 밖에는 하지 못할 수 있다. 선택과 집중이 중요하다. 아이들이 정말 좋아하고 그래서 남들보다 더 잘할 수 있는 것을 스스로 찾도록 도전할 수 있도록 아이들을 믿고, 맡겨두어야 한다.

2011년 2월

행복의 기준

모든 인간은 인간으로서의 존엄과 가치 그리고 행복을 추구할 권리를 가지고 있고 우리 헌법은 이를 보장하고 있다. 행복은 가장 기본적인 법인 헌법으로 명시할 만큼 국가와 사회가 이루어야 할 근본이자 최고의 명제이다. 세상 사람들은 누구도 예외없이 자신이 행복해지기를 바라며 살고 있다.

인류 역사상 거의 모든 나라들이 자기 국민의 행복을 위해 나름대로 노력을 해 왔지만 아직까지 국민들을 제대로 행복하게 해 주었노라 자부할 수 있는 나라는 없다고 할 수 있다.

세계적으로 행복지수가 높은 나라로 부탄이라는 나라를 들고 있다. 부탄은 중국과 인도사이에 있는 인구 60만 정도의 작고 가난한 나라이다. 부탄은 가난하면서도 외국관광객을 1년에 1만명 정도로 제한하고 있다고 한다.

언어학자이자 사회운동가인 스웨덴의 헬레나 노르베리 호지 여사는 '오래된 미래'라는 책에서 삶의 질과 행복지수가 높은 고장으로 히말라야 서쪽, 고원 사막지대에 있는 라다크라는 고장을 들고 있다. 척박한 고원의 사막지대에 있지만 환경과의 어울림, 생태적 균형, 사회적 조화가 잘 이루어져있고 웃음이 끊이지 않고 서로 다투는 일이 없는 행복한 사회를 이루고 있다고 한다. 그래서 삶의 질이 높은 생활을 영유하고 있다는 것이다.

자연과 가장 잘 어우러진 삶, 그것은 과거 인류가 살아왔던 그 모습 그대로의 삶이다. 우리가 꿈꾸고 추구해 온 행복한 미래를 우리는 이미 아주 오래 전부터 소유하고 있었던 것이다. 혹시 우리는 경제적 풍요가 그리고 육신을 편안하게 해 주는 문명의 혜택이 행복을 가져다 줄 것으로 믿어왔던 것은 아닌지? 그래서 물질적 풍요만으로 국민을 행복하게 할 수 있다고 생각했던 것은 아닌지? 생각해 봐야 할 것 같다.

인간의 욕망은 채울수록 더 큰 욕망이 생겨나고, 육체는 편할수록 더 편안해지기를 바라게 된다. 옛말에 "말을 타면 경마 잡히고 싶다"고 했듯이, 이제는 밥 먹기도 귀찮아서 "누가 먹여 주거나 알약 한 알로 한 끼 해결했으면 좋겠다"고 말하는 사람도 있다.

돈과 물질을 완전히 부정할 수는 없겠지만 돈과 물질은 행복의 필요조건일 뿐 충분조건은 되지 못한다는 사실을 잊어서는 안 될 것이다. 특히, 지구온난화와 생태계 파괴와 같은 각종 지구적 재앙이 인간의 과소비에서 비롯된다는 점에서 더욱 그렇다. 우리는 지금까지 경제발전과 물질적 성장에 집중해 왔고, 세계적 경쟁력이라는 미명 하에 경제와 물질에 점점 더 집착해 가고 있다.

우리 모두는 후손들에게 행복한 삶을 물려주기를 바란다. 아니 적어도 우리가 누렸던 만큼의 행복을 누리게 해줄 의무가 있다. 진정한 행복의 길은 이미 우리 안에 있다. 우리의 모습, 우리의 정체성, 자연 속에 어우러진 우리 본연의 삶이 우리에게 가장 큰 행복을 가져다 줄 수 있고 세계적인 경쟁력도 갖추어줄 수 있다.

이제 "먹고살기 위해 어쩔 수 없이 일한다"는 말 보다는 "함께 행복하기 위해 즐겁게 노력한다"는 말로 바꾸어야 할 때가 아닌가 한다.

2010년 5월

진정 빠른 속도

인류의 문명은 빠르게 발달되어 왔다. 문명의 발달 속도는 산업화 이후 점차 가속도가 붙어 이제는 세상이 정신없이 변해가는 실정이다. 세상의 변화 속도 때문인지 점점 더 빠른 일처리를 요구하는 패스트 문화가 자리를 잡았다. 우리의 빨리빨리 문화가 경쟁력을 갖게 된 것도 이 때문이 아닌가 싶다.

빨리빨리 문화는 우리가 가난하고 힘든 시절을 겪으면서, 시간을 아껴 죽기살기로 열심히 일해야 겨우 먹고 살 수 있다는 생각에서, 쉴 시간은 물론 밥 먹을 시간, 잠 잘 시간을 아껴가며 열심히 일해 온 습관이 우리 사회에 정착된 것으로 보인다.

그래서 우리는 식생활을 즐기기 보다는 시급히 허기를 채우기 위해 음식을 한꺼번에 섞어서 빨리 먹게 만든 국밥이나 비빔밥을 만들었고, 짜장면과 같은 국적 불명의 음식도 생겼다고 한다. 운전습관도 남보다 빨리 가기 위해 습관적으로 끼어들기를 하거나 제한속도를 최고속도가 아니라 최저속도에 맞추기가 일쑤이다.

빨리빨리 문화가 경쟁력을 가지고 우리의 경제성장에 기여한 부분도 있겠지만 정신없이 뛰다보니 생각할 시간이 없고 뒤돌아볼 틈도 없이 달리기만 한다는 데 문제가 있다. 생각할 시간이 없기 때문에 치밀한 계획을 세우기가 어렵고, 뒤돌아 볼 시간이 없다 보니 반성과 개선이 이루어지기 어렵게 된다.

이렇다 보니 발전이 없는 것은 물론 생각 없이 저지르거나 잘못을 개선하지 못하는 일이 많아지게 되었다. 생활 습관의 빨리빨리로 인해 위장병과 위암 환자가 많은 나라가 되었고, 교통사고 사망률 1위의 국가가 되었다.

빨리빨리 문화는 중요한 일을 결정할 때나 상황판단에서도 나타나 여유를 가지고 상대방의 의견을 경청하거나 토론을 즐기기보다는 졸속 결정이나 이분법적 흑백논리로 편가르기에 익숙해져 있다. 국가 발전 전략도 빨리빨리로 인해 산업구조, 기업구조는 물론 국토의 불균형마저 초래하였고 사회계층간 괴리도 심화시켰다.

교통사고 예방 캠페인 중에 "5분 빨리 가려다 10년 먼저 간다"는 표어를 보면서 10년이 아니라 아주 빨리 갈 수도 있다는 생각이 들었다. 이제는 여유를 가지고 차분하게 생각하고, 계획하고, 반성하면서, 결정하고, 행동해야 한다.

생활습관에서부터 의사결정과 업무처리에 이르기까지 치밀하게 준비하고 결정된 것을 철저히 실천하는 것이 진정 빠른 것임을 깨달아야 할 것이다. 시급히 먹은 밥은 체하고 빨리 달리면 숨이 차서 오래 뛸 수가 없다. 서두르다보면 실수도 나오게 마련이다. 실수없이, 좋은 결과가 보장되는 가장 빠른 속도는 차분하게 여유를 가지고 자기 페이스를 유지하면서 중단없이 달리는 데서 나오는 것이다.

번갯불에 구워먹는 콩보다는 천천히 돌려가며 구워먹는 바비큐(barbecue)가 더 낫지 않나 생각된다.

2010년 5월

발전과 행복

언제부터인가 우리는 '발전'이란 말을 즐겨쓰고 있다. 선거 때만 되면 국가발전, 지역발전이 화두이고, 발전을 거부하면 큰일 날 것처럼 우리는 '발전' 이데올로기를 신앙하고 있다.

이 발전이라는 말은 영어로 development인데, develop의 사전적 의미는 '풀다'로 물건 등을 '싸다'라는 뜻의 envelop의 반대말이다. 즉 물건이 싸인 것을 풀다. 조금씩 변화되는 것, 꽃망울이 서서히 꽃이 되거나 어린아이가 자라나는 것과 같은 자생적이고 자연스러운 성장을 뜻하는 말이다.

'더글러스 러미스'라는 학자에 따르면, 이러한 발전의 의미가 국가정책과 함께 사용된 것은 미국 트루먼대통령의 취임연설에서부터라고 한다. 제2차 세계대전 이후 식민지에서 해방되는 신생 미개발국가를 미국이 경제와 기술 원조를 하고 투자를 해서 발전시킨다는 정책이었다.

한나라의 국가정책으로 다른 나라를 발전시키겠다는 내용이다. 이때부터 발전의 개념이 자생적이고 자연스러운 변화가 아니라 타의적이고 인위적인 변화를 뜻하는 것으로 바뀌게 된 것으로 생각된다.

이러한 국가발전정책이 미·소 냉전시대를 거치면서 미국 중심 외세 의존적 발전이데올로기로 고착되었다. 이것이 이른바 근대화론이다. 근대화를 영어로 modernization이라고 한다. modern은 현대 또는 근대를 뜻한다. 크게 보면 '중세이후의 변화된 상태'를 말한다. 서구의 근대화는 종교개혁, 시민혁명, 산업혁명을 토대로 중세의 암흑기에서 벗어나 번영된 시민사회를 형성한 것을 말한다. 200여년의 세월에 거쳐 서서히 진행된 자생적, 자연적 변화라고 할 수 있다.

그런데 미국 주도의 국가발전론이 이식된 우리의 발전관은 어떠한가? 우리의 발전관은 경제우선이고 성장거점론이 중심이다. 서구화 내지 미국화가 곧 근대화로 인식되고 있다. 때문에 정신문화 발전이나 시민사회 발전은 무시되고 있다. 종종 서구식, 미국식 기준으로 가치판단을 하고 우리 고유의 가치가 무시되는 경향이 있다.

진정한 발전, 즉 국민을 행복하게 만드는 발전을 위해서는 '발전' 본래의 뜻으로 돌아가야 한다. 동도서기라는 말 그대로, 서구 선진문명을 활용하되 서구식 기준이 아니라 우리의 기준으로 판단해야 하고, 서구의 물질적 목표가 아니라 우리 고유의 목표를 찾아야 한다.

많은 이들이 발전을 이야기하고 있지만, 구체적인 목표를 비교해 보면, 그저 막연히 '경제와 산업을 발전시키자,' '개발을 통해 땅값을 올리자'라는 식이며, 진정한 행복을 위한 장기적인 비전은 많이 보이지 않는다.

우리가 살고 있는 터전이 50년 후, 100년 후에는 어떤 모습이 되어야 한다는 명확한 비전이 지역민 모두가 함께 꾸는 꿈으로 형성되어야 한다. 그리고 그러한 꿈을 이루어나갈 구체적인 계획을 세우고 하나하나 착실하게 진행시켜 나가야 한다. 그렇게 할 때, 우리가 진정 행복한 미래를 창조하는 그런 발전을 이룰 수 있다.

그리고 그 꿈은 그 시대를 살아갈 아이들에게 먼저 물어봐야 한다. 우리가 살고 있는 이 터전은 바로 그 후손들에게 빌려 쓰고 있는 것이기 때문이다.

2010년 8월

새벽을 향한 기도

(원제: 구십년대에는…)

아름다운 것을 아름다운 눈으로 보게 하소서.
타인의 긍지를 치기어린 눈이 아닌
진정한 부러움과 칭찬의 마음으로 보게 하소서.
세상을 사랑하고 누구를 더 특별히 사랑하지 않게 하소서.
성실한 하루하루를 엮어가며, 언제나 겸허한 마음으로
아침을 맞게 하소서.
성급함을 버리게 하시고, 빠르지 않고 익을 대로 익은 때에
거두게 하소서.
나와 타인이 세상의 한 부분으로서 서로 대하며,
사귀게 하소서.
남보다 가진 것이 있으면 부끄러워하고,
남이 더 가진 것을 시기하지 않게 하소서.
가진 것보다는 성실함을 존경하게 하소서.
사익보다는 바른 것을 택하게 하시고,
때문에 얻는 고통을 기꺼이 여기게 하소서.
타인의 잘못을 용서하고, 나의 잘 함을

자랑 삼지 않게 하소서.
이해와 사랑으로 세상을 대하게 하시고,
과욕과 게으름과 왜곡됨을 버리게 하소서.
삶이 도의 길임을 깨닫게 하시고,
이 모든 것을 행함을 보람으로 사는
나이게 하소서.

팔십년대를 보내며….

1989년, 그 해의 마지막 밤을 보내며 쓴 시이다. 지금 생각하면 한창 청춘인 27살을 넘기며…, 지금은 기억나지 않지만 그 때는 무엇인가 너무 아쉽고 간절했던 것이 있었던 같다.

그날 밤의 이 시를 후배 김철수 군이 붓으로 써 주었고, 나는 액자로 만들어 사무실 벽에 걸어놓고 내내 새기며 살았다. 대학으로 자리를 옮기면서, 연구실에는 큰 액자를 걸 수 있는 공간이 없어 창고에 보관해야 했고, 오랫동안 잊고 있었다. 그런데 이 책을 마무리하면서 갑자기 이 시가 다시 떠올랐다.
나는 지금까지 그때 기도하던 마음으로 살아 왔는가?

이 시가 걸려 있던 작업공간, 고향 충주에서 새로운 삶을 시작하면서, 내가 떠날 수 없다면 …, 차라리 이 작고 답답한 도시를 어떻게든 바꾸고 싶었다. 심지어 "내 자신을 위해 살면 나만 잘 살게 되지만, 충주를 위해 노력하면 내 이웃과 내 후손들도 다 같이 잘 살게 되는 것이라며….” 충주경제살리기운동도 시도해 보았고, 학술연구단체와 시민사회단체 설립을 추진했다. 광화문 집회와 지부상소, 삼보일배를 기획하고 주도했다. 많은 정책제안을 하고 성명서도 썼다. 그 와중에 늦깎이 대학원생이 되어 공부를 하고 논문을 썼다. 가정을 위해 생업도 꾸려야 했다.

그 후, 대학연구실에서 이 책에 실린 라디오 칼럼을 준비하고, 신문 칼럼을 썼다. 그 때는 이 시가 걸려있지 않았고, 잊고 있었다. 그런데 갑자기 이 시 ‘새벽을 향한 기도’가 생각났다. 사실은 이 시보다 이 책에 실린 칼럼을 더 간절한 생각으로 썼던 것 같은데…. 이 시는 나의 삶을 위한 기도이지만, 이 책의 칼럼은 우리의 삶을 위한 재촉이다.

아마도 절실하게 나의 쓰임을 원했고, 나의 쓰임은 배움이 정치와 행정이듯 그렇게 나라와 지역을 위함으로 정해져있었다는 것인가? 아니면 오랜 외침과 절규에도 불구하고 변화되지 않는 이 터전 때문인가?

이유는 많을 것이다. 그러나 한 가지… 새벽을 향한 기도는 계속하고 싶다.

지금까지 읽어 주신 분들께 감사드린다. 나와 특별한 인연이 있으신 분이나 충주에 대한 애정이 깊으신 분들, 지방자치의 현실 속에서 공감을 느끼시는 분들 이외에는 이 글을 끝까지 읽기 어려웠을 것이다.

모든 독자에게 감사드린다.

〈부 록〉

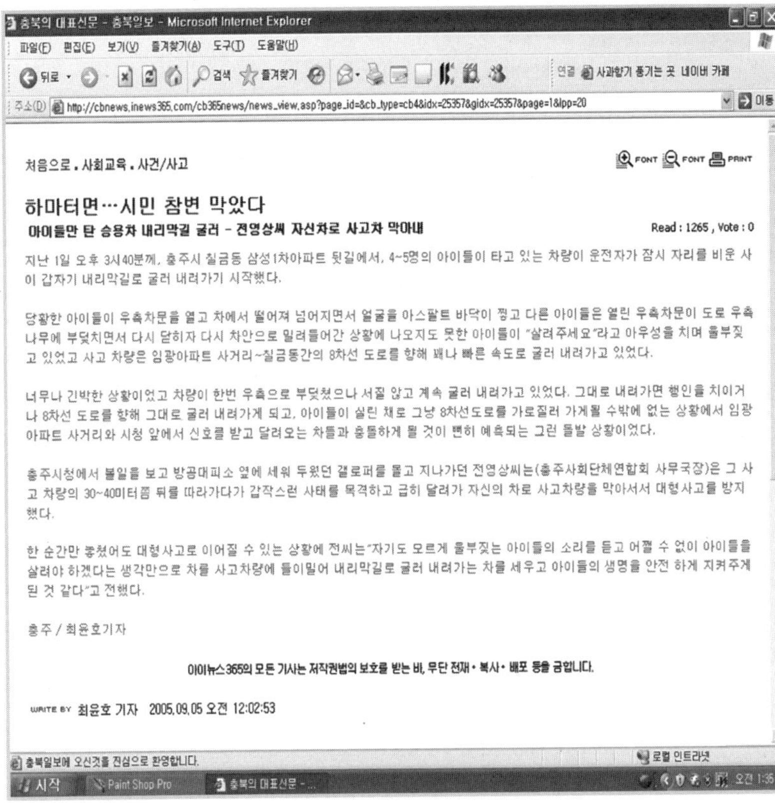

처음으로 . 사회교육 . 사건/사고

하마터면…시민 참변 막았다

아이들만 탄 승용차 내리막길 굴러 – 전영상씨 자신차로 사고차 막아내

Read : 1265 , Vote : 0

지난 1일 오후 3시40분께, 충주시 칠금동 삼성1차아파트 뒷길에서, 4~5명의 아이들이 타고 있는 차량이 운전자가 잠시 자리를 비운 사이 갑자기 내리막길로 굴러 내려가기 시작했다.

당황한 아이들이 우측차문을 열고 차에서 떨어져 넘어지면서 얼굴을 아스팔트 바닥이 찡고 다른 아이들은 열린 우측차문이 도로 우측 나무에 부딪치면서 다시 닫히자 다시 차안으로 밀려들어간 상황에 나오지도 못한 아이들이 "살려주세요"라고 아우성을 치며 울부짖고 있었고 사고 차량은 임광아파트 사거리~칠금동간의 8차선 도로를 향해 꽤나 빠른 속도로 굴러 내려가고 있었다.

너무나 긴박한 상황이었고 차량이 한번 우측으로 부딪쳤으나 서질 않고 계속 굴러 내려가고 있었다. 그대로 내려가면 행인을 치이거나 8차선 도로를 향해 그대로 굴러 내려가게 되고, 아이들이 실린 채로 그냥 8차선도로를 가로질러 가게될 수밖에 없는 상황에서 임광아파트 사거리와 시청 앞에서 신호를 받고 달려오는 차들과 충돌하게 될 것이 뻔히 예측되는 그런 돌발 상황이었다.

충주시청에서 볼일을 보고 방공대피소 옆에 세워 두었던 갤로퍼를 몰고 지나가던 전영상씨는(충주사회단체연합회 사무국장)은 그 사고 차량의 30~40미터쯤 뒤를 따라가다가 갑작스런 사태를 목격하고 급히 달려가 자신의 차로 사고차량을 막아서서 대형사고를 방지했다.

한 순간만 놓쳤어도 대형사고로 이어질 수 있는 상황에 전씨는"자기도 모르게 울부짖는 아이들의 소리를 듣고 어쩔 수 없이 아이들을 살려야 하겠다는 생각만으로 차를 사고차량에 들이밀어 내리막길로 굴러 내려가는 차를 세우고 아이들의 생명을 안전 하게 지켜주게 된 것 같다"고 전했다.

충주 / 최윤호기자

아이뉴스365의 모든 기사는 저작권법의 보호를 받는 바, 무단 전재 · 복사 · 배포 등을 금합니다.

WRITE BY 최윤호 기자 2005.09.05 오전 12:02:53

아이들을 구출한 이야기를 보도한 충북일보 인터넷 기사 (2005. 9. 5)